TOEIC 990点 満点到達法

世界への「貢献マインド」で磨く英語力

松本泰典
Yasunori Matsumoto

まえがき

『夫婦でＴＯＥＩＣ９９０点満点対談』に続き、『ＴＯＥＩＣ９９０点満点到達法』を刊行させていただくこととなりました。さらに踏み込んだ内容で、新しい論点も数多く述べられています。前著と併《あわ》せてお読みいただけると幸いです。

本書は『ＴＯＥＩＣ９９０点満点到達法』と名づけられていますが、９９０点満点に到達するための啓発書であると同時に、ＴＯＥＩＣ９９０点の「先にある」英語への誘《いざな》いでもあります。ここで述べられているのは「ＴＯＥＩＣ９９０点満点を取るためのノウハウ」というより、「ＴＯＥＩＣ９９０点以上の英語力に到達するためのマインドと学習法」であるとご理解ください。

本書では、私が海外で長く英語で学問を学び、英語で仕事をし、英語で宗教活動に従事してきた経験から修得してきた英語を、ジャンル別に「日常会話英語」「ビジネス英語」「学術英語」「宗教英語」「大和言葉《やまとことば》英語」に分類し、さらに現在学んでいる幸福の科学・大川隆法総裁の「黒帯英語《くろおび》」について詳しく論じました。

自らの英語修行を振り返る中で、私は、自分の語学修得の目的が、「英語環境でsurviveする（生き残る）ため」から、「世界に貢献するため」にシフトしてきたことに気づきました。英語は、私たちの自己認識を変え、人生観を変え、世界観を変え、私たちに知的幸福を与え、新たな発想をもたらします。英語学習は間違いなく、私たちに限りない可能性を拓《ひら》いてくれる「幸福論」だと思います。

本書が、皆様の英語上達のよき手引きとなりますように祈っております。

Determine that the thing can and shall be done, and then we shall find the way.

——Abraham Lincoln (16th U.S. President, 1809 - 65)

それはできる、それをやる、と決断しなさい。それから、その方法を見つけるのだ。

——アブラハム・リンカーン（16代アメリカ大統領、1809～1865年）

（大川隆法編著『黒帯英語二段③』より）

2014年10月15日

学校法人幸福の科学学園 大学設立準備室 国際担当局長

松本泰典

ＴＯＥＩＣ９９０点満点到達法　目次

第2章　英語学習の道は「無限」である

第3章 TOEIC990点の「先」にあるもの

第4章　段階別・英語上達法①
――日常会話英語、ビジネス英語、学術英語

第6章 TOEIC受験必勝法

第7章　「英語力」を超えた真のグローバル人材へ

第1章

TOEIC990点満点はあなたの「思い」から始まる

1　TOEIC990点を「取るべくして取る」英語力

この本を手に取られた皆さんは、間違いなく「英語力を伸ばしたい」という思いがあり、TOEICテストも受験経験があるか、受験を考えている方だろうと思います。TOEICを受ける方々には、いろんなレベルがあります。現在900点以上あって、それ以上伸び悩んでいる方もいれば、英語が苦手で400点台あるいはそれ以下であり、「英語ってどうやったら伸びるんだろうか」と途方に暮れている方もいると思います。この本は『TOEIC990点満点到達法』と題していますが、990点というスコアは多くの方にとって、まるで霞《かすみ》がかかって見えない山の頂上のような印象ではないでしょうか。

日本でTOEICを受験する方は、2013年度は236万1千人もいたそうです。20年前の1993年が43万7千人ですから、ほぼ5倍に増えています。ここ10年間でも約2倍に増えています。日本でのTOEICの全国平均は580点前後です。990点を取っている人は何人くらいかというと、公式に数字が発表されていないので諸説ありますが、受験者の0・1%から0・3%だといわれています。236万1千人の0・1%だと、2千361人ということになりますね。これを聞いて、多いと思いますか。少ないと思いますか。

結論から申し上げますと、**990点は、だれもが思うよりははるかに近いところにあり、百人中百人が到達できる目標です。**そして、この本が目指すのは、TOEIC990点を取るスキルの習得ではなく、**TOEIC990点を「取るべくして取る」英語力**です。

かく言う私は、いったい何者かと思う方もいらっしゃるでしょうから、少し自己紹介をさせていただきます。

私は現在、来年（2015年）4月の幸福の科学大学（仮称・設置認可申請中、以下同）開学に向けて、同学における語学教育全般の準備を担当しています。

人生における英語経験をざっと申し上げますと、日本の大学を卒業後、１９８７年からロンドン大学に留学し、文化人類学専攻で修士号を取り、博士課程に進みましたが中退しました。ロンドンには合計で7年間留学しました。

その後、１９９５年に宗教法人幸福の科学に奉職し、現在に至るまでの19年間のうち、アメリカのニュージャージーに1年、ハワイに8年赴任し、留学と合わせると16年間を海外で生活しました。前半は学生として、後半は社会人（宗教家）として。海外生活が長かったので、英語の日常会話は問題ありませんし、英語環境での仕事にも慣れています。また、宗教家として英語で説法を数百回行《おこな》ってきた経験もありますので、平均レベル以上の英語力はあると思います。

そのような理由から、自分の英語力を測る必要性をあまり感じていませんでしたが、幸福の科学の職員向けにＴＯＥＩＣテストが定例開催されることになり、私も受けざるを得なくなりました。英語の資格試験を受けること自体、生まれて初めてだったので少し緊張しましたが、なんとか990点満点を取ることができました。

私の経歴を見れば、TOEIC990点を取ったと聞いても、「海外経験が長く、英語もペラペラなら、取れて当然でしょう」と思われるかもしれません。しかし、TOEICには独特の特徴があり、テストの形式やスタイルに応じたテクニックが必要になるため、ネイティブ・スピーカーでも準備なく受験すると満点を取るのは難しいといわれています。

そうした中で、私も何の事前学習もせずにTOEICを受けたわけではなく、受験後もTOEICについては少なからず研究してきましたので、読者の皆さんがTOEIC990点を目指すための多少のお手伝いはできると思っています。

英語学習の最大の難所は、まず重い腰を上げること

990点を目指すと聞くと、「自分には関係がない」と感じる方もおられるか

もしれません。英語には関心はあるし、英語を流暢《りゅうちょう》に使えるようになりたいという思いはあるけれど、実際にはなかなか上達せずに、半《なか》ばあきらめている方も多いのではないでしょうか。そういう方が、990点の取り方という話を聞いても、現実味に欠ける絵空事のように感じるかもしれません。

しかし、無理だと思って努力しなければ、永久に990点には到達しません。**英語学習の一番の難所は、おそらく、あきらめてしまっている自分の重い腰を持ち上げること**だと思います。

学生時代に英語が苦手だった人や、語学自体にアレルギーを感じる人は、

「英語はいつか本気で取り組みたいとは思うけど、どこから手をつけていいのかわからない」

「英語の勉強を始めても、長続きせず挫折《ざせつ》してしまう」

「学生時代から、まったく勉強していないので、完全に錆《さ》びついている」

「もう年齢的に、今から英語というのは難しい」

「そもそも自分には語学の才能がないので、今さらやっても無理」

「TOEICは受験しているけれど、いつも同じくらいのスコアで伸びる気がしない」

などといった気持ちを抱《かか》えておられると思います。

しかし、本当は、英語がどうにもならないのではなく、**前に進みたい自分に対して自らの思いが足かせになっている**のではないでしょうか。

自分自身の「思い」を変えると英語力が伸び始める

幸福の科学では、大川隆法総裁が英語学習に強い情熱を持っておられ、近年特に、会全体に英語への念《おも》いが日増しに強まってきています。そんな中で、当会の職員の中にも、学生時代以来、英語など勉強したことがなかったけれど、奮起して英語に取り組み、確実に上達してきている人が数多くいます。

たとえば、ある人は学生時代から英語が大の苦手でしたが、大川総裁が

２００７年のハワイでの説法以来、数多くの英語説法をされていることに心を動かされ、英語に再チャレンジ。当初はＴＯＥＩＣ４００点台でしたが、**英語を毎日1時間勉強**した結果、半年毎に１００点ずつスコアが上がり、今では７００点台にまで伸びています。

別の職員は、高校時代は英語が苦手科目で赤点を取っていましたが、大川総裁の英語への情熱を感じて、なんとか**英語の苦手意識を克服しようと決意**して勉強を始めました。ＴＯＥＩＣも受けましたが、２年間はスコアが伸びず、悩んでいたところ、私の妻の摩耶《まや》が開講している職員向けの英語クラスに参加し、ＴＯＥＩＣを受けるたびに50点ずつ上がり始めました。最近では当初より３００点も伸びたそうです。今、９００点台を目指して奮闘しています。

またある職員は、ＴＯＥＩＣで２５０点を取ってしまい、あまりのショックから一度は英語学習を封印してしまいました。しかし、大川総裁が年間２００回を超える説法をされる中で、寸暇《すんか》を惜しんで英語学習を続け、次々と英語教材を発刊されるお姿に心を打たれ、再度奮起。職員向け英語クラスにも参加し、自分の学習チャレンジとして、毎月発刊される幸福の科学の英文小冊子 Happy Science Monthly をひと月かけて精読することにしました。あれだけ苦手だった英語が、**読んでみると少しずつわかるようになる喜び**に出会い、苦手意識も消え、英語が好きになりました。

ある職員は通勤に片道1時間以上かかるので、**往復2時間の通勤時間を英語学習にあてることにしました。**努力の甲斐《かい》あって、1年後にはTOEICで280点も伸び、780点を取ることができました。

また、別の職員は、TOEIC700点台には届いていましたが、それからまったく伸び悩んでいたところ、大川総裁が編纂された英語教材の「まえがき」などに、「TOEIC2000点満点、3000点満点レベルの英語」と書かれているのを読んで開眼し、心を入れ替えて英語学習に取り組みました。その結果、あれだけ遠かった900点に届くことができました。

これらの方々の話を聞いて共通していることは、結局、**英語の上達を阻《はば》んでいるのは、自分自身の思いであること**、そして、**決意して勉強を始めると、例外なく上達しているということです。**

後で詳しく述べますが、英語が上達するのは、才能があるからではありません。英語が苦手だった方、学生時代よりこのかた英語を勉強していないので錆びついている方、外国語にアレルギーのある方、年齢的に英語学習をあきらめている方、英語で伸び悩んでくじけそうになっている方へ。

大丈夫です。英語が上達しない人間は存在しません。まずは、自分の可能性を信じてください。だれでも必ず英語を上達させることができます。そして、だれでもTOEIC990点に到達することができるのです。

どうですか？ もう一度チャレンジしてみませんか？

本書では、まず、英語力を伸ばすための考え方とTOEIC990点の先にある英語についてお話ししたいと思います。その後で、TOEICの受験必勝法をお伝えいたします。

本書が、英語が苦手な方にとっては、苦手克服のきっかけとなることを、また TOEIC のスコアが伸び悩んでいる方にとっての突破口になることを、また800点台、900点台のレベルの方で、どうしても990点を取れない方にとっての、990点到達へのヒントとなることを願っています。

2 「英語達人」になれない人はいない

語学に天才なし

大川隆法総裁は、随所《ずいしょ》で「語学に天才なし」と語っておられます。私はこの言

● 『英語が開く「人生論」「仕事論」』あとがき、『真のエリートを目指して』第4章、『Think Big!』第1章、『教育の使命』第2章（以上、いずれも幸福の科学出版刊＝以下「A」と表記）、「心の指針」114「語学の不思議」（月刊「幸福の科学」2014年6月号掲載・宗教法人幸福の科学刊＝以下「B」と表記）。

葉の意味を、「**生まれながらの語学の達人はいないし、楽をして上達できる特別な学習方法があるのでもない。語学の上達には、ひたすら努力精進することだ**」と理解しています。

私たちは、「努力しないで結果を出せる魔法のような方法はないか」と考えがちです。ダイエットでも、「好きなだけ食べ、運動もせずに痩《や》せられる方法」などと聞くと、つい飛びついてしまいそうになりますね。

英語においても、「これを毎日聴くだけで上達する」「毎日5分、この教材を学習するだけでペラペラに」みたいな教材が、いつも売り出されていますし、いつの時代にもあったように思います。そんな簡単に英語が上達する方法があるなら、日本中、ネイティブ並の英語力の人々があふれかえっているはずですが、そうでもないところを見ると、やはり空しい期待は捨てるべきでしょう。

しかし、「語学に天才なし」という言葉は、裏を返せば、「**語学の才能がない人はいない**」ということも意味しています。人間である以上、地球上の言語は、必ず習得できるはずです。

「自分は語学に向いていない」「自分は、どれだけ勉強しても英語ができない」「自分は語学に才能がない」とお考えの方は多いかもしれません。しかし、**それは何の根拠もない思い込みです。**「過去に苦手だった」とか、「現時点の英語力を見ると、ペラペラになれるように思えない」とかの理由で、そう思っているだけのはずです。

「語学に天才なし」ゆえに、語学に才能がない人もいないのです。先ほどもお話ししたように、英語が苦手という人でも、**気持ちを切り替えて努力すれば、必ず成果を出すことができます。**だれでも、現在いかなる英語レベルであっても、必ずTOEIC990点レベルに到達することができるのです。

決め手はインプットとアウトプットに費《つい》やした「時間」

語学の上達に、才能も特殊な学習方法も重要でないとしたら、何が決め手なのでしょうか。

私は、「**語学のインプットとアウトプットに費やした時間**」だと思います。

インプットとは、文字や音で英語に触れることです。つまり、英語を読んだり聴いたりする時間です。アウトプットとは、英語を話すことと英文を書くことです。「読む・聴く」は受け身の英語能力であり、「話す・書く」は能動的な英語能力です。英語の上達を左右するのは、インプットとアウトプットに費やす時間数なのです。

ご自身の経験を振り返って、これまでどれくらい時間をインプットとアウトプットに費やしてこられましたか？　費やした時間の分だけ上達すると考えた時、**ご自身の英語レベルは、自分が費やした時間数に比例している**ということなのです。

語学学習でよく言われることですが、大体100時間勉強すると、TOEICで300点レベル、1000時間勉強すると700点程度、2000時間学習するとTOEIC900点レベルに到達できるそうです。かなり流暢になるには3000時間程度必要とも言われています。アメリカ国務省のエリートは、赴任先に着任するまでに、2400時間から2760時間、その国の言語を学習します。

日本の英語教育は、通常、中学校から始まります。最近では、小学校で英語の授業を始めるところも増えてきているようです。中学・高校の6年間で、平均して英語の授業に費やす時間は960時間程度だと言われています。

しかし、日本の学校では、一部の私学やネイティブのALT（Assistant Language Teacher）がいないところでは、英語を話せない日本人の英語教師が、授業のほとんどを日本語で進めます。実際に英語に接する時間は、多めに見積もっても授業時間の20％くらいで、授業での英語のインプットは6年間で192時間ということになります。学習には個人差がありますから、自発的に多くの時間を自習に費やす人は、授業時間と同じ程度の時間数を学習するそうですから、960時間に192時間を足すと1000時間から1200時間くらいになります。このあたりが、英語でいい成績を取っている人たちだろうと思います。

一方、英語の授業が嫌《きら》いで、右から左に聞き流し、予習も復習も宿題もしない生徒だと、192時間をさらに下回ることになると思います。TOEIC300点に必要な学習時間が100時間ですから、かろうじて300点台にいるレベルだといえます。

語学は、自転車に乗るのと同じで、一度マスターしたことは何十年たっても思い出せます。しかし、マスターできていない部分については、時間とともに忘れてしまいます。学生の頃に英語が苦手で、ほとんど勉強しなかった人が、何十年も英語を勉強しないままにすると、学生時代の英語学習時間も無駄になってしまいます。

「話す」「書く」のアウトプットにも時間の投資を

ここで注意していただきたいことがあります。インプットとアウトプットの時間数は、英語の学習量に比例します。しかし、インプットとアウトプットの時間数が必ずしもイコールの関係になるわけではありません。

たとえば、英語学者が文法研究を何十年間も続けてきても、英語で会話ができない場合があります。昔、英語の学習方法に、辞書の単語を暗記しては、ページを破って食べるという迷信じみた方法がありましたが、本当に効果があるのかどうかは疑わしいものです。あるいは、ゴルフの石川遼選手がコマーシャルに出ていたスピードラーニングという教材がありますが、本当に毎日CDを聴くだけでペラペラになるのでしょうか。「読む」「聴く」に多くの時間を費やすことで、確実に学習効果はありますが、「話す」「書く」のアウトプットにも時間を投資しないと、本当に英語を使いこなせるレベルには上達していきません。ましてや、英文法学者が、英文法について日本語で長時間にわたって思索を重ねても、英語のインプットに結びついていることにはなりません。

「語学に王道なし」なので、奇跡的な学習法はありませんが、一方で、「インプットとアウトプット」の観点を念頭に置くと、英語の学習方法も効果的なものと、そうでないものが分かれてくるように思います。

海外で生活すると、当然、インプットとアウトプットは増えます。スーパーに買い物に行っても、駅に行っても、道を歩いていても、周りはすべて英語です。しかし、大川総裁が『外国語学習限界突破法』（A）の中で、「**外国に行ったことがある人は分かると思いますが、実際に会話をしている時間というのは、一日が終わってみれば、一日三時間ぐらいしかないものです**」と述べておられますが、私の海外での生活経験からしても、本当にそれくらいだと思います。もちろん、日によってばらつきがあり、時には1時間もない場合がありますし、一日中研修の講師をしている時は、6～7時間は英語でコミュニケーションをします。

日本にいて仕事をしながら1日3時間を英語の勉強に使うのは非常に難しいと思いますが、1日1時間として1年で350時間程度。3年で1050時間。ゼロから始めても**1日1時間を3年間続ければ、だれでも例外なく**

『外国語学習限界突破法』
大川隆法著
幸福の科学出版刊

ＴＯＥＩＣ７００点台に到達できることになります。６年間で２０００時間ですから、９００点台への到達も可能です。６年間は長いようですが、今までの６年間を振り返ると、年月はあっという間に過ぎてしまうと思いませんか。

　このように、語学の上達は、インプットとアウトプットに費やした時間数に比例するわけですから、**一定量以上のインプットとアウトプットを行えば、だれでも例外なく国際社会で通用する英語レベルに上達することができますし、当然のことながらＴＯＥＩＣ９９０点は必然的に到達できます。**

　可能性がすべての人に開かれているのですから、この本を読んだことをきっかけに、ぜひ「ＴＯＥＩＣ９９０点満点は自分にも到達できる」と信じて、第一歩を踏み出していただきたいと思います。５００点を目指し、７３０点を目指し、９００点を目指すというように、段階的に上の点数を目指すとしても、９９０点を目標に掲《かか》げて頑張っていただきたいと思います。それは到達可能な目標だからです。

TOEICで問われている語学レベルはそれほど高くない

ところで、TOEIC990点の英語とは、どのようなレベルなのでしょうか。

TOEICの英語というのは、英語が母国語の国々で、日常的に使われている基礎的なビジネス会話です。つまり、高度な経済学や経営学、金融などの専門的な知識がなくてもできる仕事、たとえば、小売店や卸売業者、サービス業、あるいは各種会社での営業や事務などに従事する人ならだれでも、毎日普通に見聞きする英語表現だと思います。留学生が学校で勉強をしているだけだと使わない英語もありますが、海外での仕事経験がある人なら、どれも慣れ親しんでいる表現ばかりです。

私は、幸福の科学のニューヨーク支部に1年、ハワイ支部に8年いましたが、支部の経営というのは、宗教的職務だけではなく、事務所契約から、セミナー会場の手配、コピー機リース業者との交渉、経理事務、保険契約、弁護士との相談、税務署との非課税手続きなど、普通の会社員が経験する仕事は一通りこなさなくてはなりません。その経験からも、ＴＯＥＩＣに出てくる、電話で業者にアポを取ったり、見積もりを取ったり、Ｅメールをやり取りしたり、オフィシャルなビジネスレターのやり取りをしたりする場面は、どれも現実に経験する場面だということがよくわかります。

ＴＯＥＩＣで問われている英語は、実は、語学レベルとしてはそれほど高いものではないのです。そう聞くと、信じがたいと思われるかもしれませんが、本当のことです。９９０点を取ると、「いったいどういう英語力しているんですか」と言われることもありますが、**実はそれほど高い英語力がなくてもＴＯＥＩＣ９９０点は取れる**のです。私などは、大川総裁が発刊されている英検1級合格のための教材を見て、その単語のレベルの高さに圧倒されるくらいで、ＴＯＥＩＣではあれほど高度な語彙《ごい》は必要ないと思います。

ただ、TOEICでは、実際に仕事の場面で使われる会話が出題されますから、その感覚に慣れている必要はあります。文章が文法的に省略されている場合とか、質問と答えがストレートにかみ合っていない場合とか、実際の会話で想定されるものが出ています。

たとえば、TOEICのパート2で出てきそうな会話例として、“Where are we having a meeting this afternoon?”に対する応答が、“Our client can't make it today.”だとします。「今日の午後の会議は、どこでやるの?」に対する直接的な答えは、「会議を行う場所」を答えることですが、それには答えず、商談の相手が来ることができなくなったと述べています。これは、「先方が来られなくなったので商談を行うことができなくなった。したがって、会議はキャンセルされ、どの場所においても、会議は行われない」ということが省略的に伝えられているわけです。こういった日常的な感覚がTOEICの特徴であり、高度な知識はほとんど求められていません。

TOEIC990点はだれでも到達できる

言い換えれば、TOEICで990点を取れるレベルであれば、理論的には、海外で普通に仕事をして暮らすことができるということが言えます。ただし、管理職や専門職には足りません。

「理論的には」と言いましたが、それは、TOEICがリスニングとリーディングのインプットにのみフォーカスしたテストであって、スピーキングとライティングについては測ることができないからです。これらは、別途TOEIC SWテストで測る機会が提供されています。TOEICで990点を取っていても、アウトプットの訓練が足りなければ、自分の言いたいことを上手に話すことができず、Eメールのような文章のやり取りでも自分の考えを十分に伝えることができない場合もあると思います。実際に990点を取っている方の中にも、会話が不得手な方も、結構おられるように思います。

ＴＯＥＩＣのスコアを上げることは簡単なことではありませんし、受験すればするほど難しさが身に染《し》みてきますから、「９９０点があまり高度な英語のレベルではない」と言うと、私が非常に理不尽なことを言っているように感じるかもしれません。

しかし、ここで大切なのは、先ほども申し上げましたが、「９９０点満点をエベレストの頂上のような感覚でとらえる必要はない」と認識することだと思います。９９０点の先には、まだまだ道が伸びています。９９０点は、国際人材としてはまだまだ入口に立ったばかりです。**本当に英語が使いこなせ、国際社会で通用するレベルに向けて、志を高く持っているほうが、ＴＯＥＩＣ９９０点との距離感が、正しく見えてくるはずです。**ＴＯＥＩＣ９９０点満点到達法の第一歩は、まず「**自分にも到達可能であると思うこと**」から始まります。

第2章

英語学習の道は「無限」である

1　何のために「990点」を目指すのか

ＴＯＥＩＣ990点満点は、私たちが目指すべき英語力に至るまでの通過点だということを申し上げました。ＴＯＥＩＣ990点に到達する方法を論じるにあたり、この章からは、990点の「先」にある英語について語ってみたいと思います。そのレベルの英語がどのようなものかを具体的に描《えが》けるようになることで、目指すべき道筋が明確になってくると思うからです。少し長めの回り道になると思いますが、ぜひお付き合いいただければ幸いです。

「サバイバルの英語力」から「クリエイティブな英語力」へ

一般的に英語学習は、基礎的な語彙や文法の勉強から始まり、「読む・聴く・話す・書く」の四技能を磨《みが》いて、英語でのコミュニケーション能力を高めることを目指します。

そして、**レベルが上がると、次第にスキル面の上達から、教養や人間力の向上にウェイトが移っていきます。**仕事をこなすレベルの英語から、新しい価値を創造していく英語へと進化するものですし、自分一人が何とか生き残るための「サバイバルの英語力」から、人を導いていくための「クリエイティブな英語力」へ、より大きな社会で貢献できる力へと発展していくものです。それは、「日本」という小さな精神的箱庭から出て、世界という大きな舞台で、人類の幸福と繁栄のために自分の人生を役立てることができるための英語へと向かうものだと思います。

したがって、**英語学習が目指すところは無限です**。それは最終的に、人間としての成長と道を一つにするものだと思います。

もっとも、「英語は道具であり、生活と仕事で使えるレベルにあれば十分じゃないか」と考える人もおられるでしょう。

かく言う私もその一人でした。「英会話は海外で生活するのには困らない程度にはできる。また、英語で仕事もできる。文章も完璧ではないが、恥ずかしくない程度のものは書ける。英語で講義や説法もできるレベルにはあるので、別にこれ以上、求める必要もないではないか」と思っていました。

自分の「逃げ」を直視させてくれた「黒帯英語シリーズ」

ところが、2012年4月、大川隆法総裁より「黒帯英語シリーズ」をいただいた時に、その認識は崩れました。というより、逃げていた自分を直視することになりました。

「黒帯英語シリーズ」とは、大川総裁編著による、幸福の科学信者向けの英語学習書シリーズです。柔道や空手の有段者である「黒帯」になぞらえた、海外の英語ネイティブをうならせるほどの英語力を身に付けるためのシリーズであると言ってよいと思います。『黒帯英語への道』（全10巻）に始まり、『黒帯英語初段』（全10巻）、『黒帯英語二段』（全10巻）、『黒帯英語三段』（全10巻。9巻、10巻は制作中）そして現在、『黒帯英語四段』はすでに第4巻まで制作中です（以上いずれもB）。

幸福の科学の信者向けに発刊されている、「黒帯英語シリーズ」などの英語教材。現在までに200冊以上にのぼる。

ある程度の英語力があると自負している人でも、「いったい、初段、二段、三段、四段って、何をそんなに学ぶことがあるのか」と、不思議に思うだろうと思います。

しかし、大川総裁が示される「黒帯英語」の階梯《かいてい》には、そんな私たちの認識の足りなさやイマジネーションの不足を痛感させるものがあります。各巻の内容は、ハイセンスな英単熟語や洗練されたフレーズ、英字新聞や雑誌記事の抜粋、英語のことわざや名言、聖書などからの抜粋、ビジネス英語、映画のセリフ、科学英語、国連憲章などなど、本当にいろいろな角度からの英語が盛り込まれています。

「黒帯英語」は、大川隆法総裁によって切り拓かれた新しい英語ジャンルですが、それは大川総裁自身の日々の英語学習の軌跡そのものでもあります。「黒帯英語」のレベルの英語は、そのレベルを極めた人にしか示せないものです。

日常会話レベルの英語力なら、英語環境で暮らせば、ある程度習得することができます。しかし、**ハイレベルな時事英語や専門的な英語になってくると、ただ英語環境に暮らしているだけでは駄目であり、意図的に努力をしないと身に付かない**のです。海外に暮らしていても、新聞やニュースを十分に理解するところまで英語力が伸びない日本人が多いのはそのためです。

私も少しばかり学問の世界に身を置いたことがある関係で、哲学や社会科学関連の論文については、頑張って読むことはできますが、英字新聞などの政治・経済関連の時事的な記事に対しては、以前から苦手意識がありました。

幸福の科学の教義は、宗教には珍しい政治・経済、国際関係に関するものが数多く説かれています。個人の幸福論に留《とど》まることなく、国家レベルの幸福論、地球レベルの幸福論を目指す幸福の科学の職員としては、苦手などとは言っていられません。大川総裁がこれまでに出版された１７００冊にも及ぶ書籍からの学びの恩恵で、自分としても時事問題に関する認識は確実に高まってきていますが、英語でそれを理解し、発信できるためには、苦手意識を克服していかねばなりません。

英米ビジネス・エリートや国際教養人レベルの英語教材

「黒帯英語シリーズ」には、まさに国際人材として高みを求める上で欠かせない語彙力、英語表現力、時事的知識、教養、視点などが、豊富に示されています。同シリーズの「まえがき」には、いつも英語学習者の魂に響く言葉が述べられていますが、「黒帯英語」のレベルがよく示された言葉として、次のようなものがあります。

「国際教養人としての出発点がこのテキストの一連のシリーズに眠っていると思ってよい。」（『黒帯英語三段④』まえがき）

「ハーバードやオックスフォードを出た秀才の英米人のビジネス・エリートのレベルなので、ネイティブであっても普通の人たちには難しすぎるだろう。」（『黒帯英語初段⑩』まえがき）

私も「黒帯英語」の全貌《ぜんぼう》と標高の高さを、まだ十分につかみ取れていませんが、「黒帯英語」が、私たちがこれまでに足を踏み入れたことのない英語の高みを垣間見ることのできる、稀《まれ》なる教材であることは間違いありません。

「黒帯英語」は、まるで登り始めて高さを実感する峰のようです。一歩ずつ登っている途中は、頂上ははるか遠くにそびえているのですが、**振り返ると、下方にＴＯＥＩＣ９９０点が見える。**そのような感覚です。

私自身、頂《いただき》の見えない尾根道を登り続ける決意をし、苦手意識に向き合いつつ「黒帯英語」の学習を少しずつ続けていくと、明らかに違いが出てきました。英字新聞の記事を読む時、TIMEを読む時、それまで読み飛ばしていた単語がわかるようになってきましたし、CNNやBBCのニュースを見る時、それまで聞き逃してきた表現が、明確に耳に入り始めていることに気づきました。つくづく「**自分は、わかったつもりになっていた**」ということを痛感しました。

「黒帯英語」については第7章でも、あらためて取り上げてみたいと思います。

「もう十分」と思うのでなく「さらに先」を目指す

英語力には、いつも「先の先」があります。あらゆる修練に共通することですが、私たちは自分が得意な分野について、「もうこのくらいで十分だ」と思ってしまい、その先を見なくなることがよくあります。これを慢心と言います。簡単に小成してしまい、自らが成長するチャンスを自分で手放してしまうのです。

したがって、「英語は道具に過ぎないから、そんなに深刻に高みを目指す必要はない」という考え方も一つの選択であるかもしれませんが、「先には先がある」と思って、目の前に広がる大きな可能性に目を開き、さらなる高みを目指すほうが、与えられた成長の機会を活かせる生き方だと思います。

自分の英語力に自信がある方も、今の実力はこれまでの努力の積み重ねで築かれたものです。だとしたら、そこで立ち止まるのはもったいないと思います。**英語が開くさらなる人生の高み、視野の広さ、より大きな幸福に貢献できる可能性を求める生き方**のほうが、これまで想像していなかった**知的幸福と利他の喜びに出会うチャンス**があると思います。

私も自分の英語力が再び向上し始めていることに大きな喜びを感じています。今までわからなかったことがわかる喜びが一つ。次に、より幅広いテーマについて、より高度なボキャブラリーやイディオムを使って、英語で会話できるようになってきていることに、少なからず驚きを感じています。もちろん、深い洞察力に溢《あふ》れる正論を、公的な議論の場で堂々と発言しディベートできるレベルには達していないかもしれません。しかし、**今は、「このくらいで十分だ」とは、もう思っていません。雲で霞むほど高い目標を目指そうと思うからこそ、英語の学習には、以前にも増してやりがいを感じます。**

筋力トレーニングについて、最近、興味深い話を耳にしました。私たちの筋肉は、本当は自分が思う以上に強い筋力を持っているのですが、脳が筋肉の使い方に慣れていないのだそうです。たとえば、本当は50キロくらい持ち上げられるのに、脳が慣れていないので、30キロくらいを「限界だ」と感じるわけです。脳を慣れさせるためには、限界まで筋力を引き出す訓練を繰り返し行います。すると、回を重ねる度に、持ち上げることができる重さが増えていきます。でも、この間、あまり筋肉は増えません。トレーニングの結果、自分の筋肉の本当の限界まで力を引き出せるようになって初めて、筋肉が成長し始めるのだそうです。

語学も同じで、自分の実力より低いレベルの運用だけでは、力は伸びません。しかし、語彙を増やす努力、英語表現を増やす努力、リスニング能力を伸ばす努力、読む速度を上げる努力、より長い英文を書く努力など、一つひとつは相当な努力感が伴うかもしれませんが、**自分の限界値を押し広げる努力を重ねる時に、初めて英語力は目に見える形で向上していく**のだと思います。

大川総裁の著書の中に、人間の成長全般に関することとして、こんな言葉があります。「『**自分の能力としては、このあたりが限界で、これ以上は、もうできない。失敗もずいぶんしたし、これ以上は無理だ』と思ったあとに、だいたい限界突破をするのです。**」（『幸福の法』第1章。A）

英語学習にも、伸び悩みや挫折があるかもしれません。しかし、「これ以上は無理だ」と思えるときに、「もう一歩だけ」と思って前に進むと、語彙力、リスニング力や英文読解力が、芽吹くように伸びるのです。

９９０点を超えた「理想の自分」を思い描く

本書では、いかにＴＯＥＩＣ９９０点に到達するかをテーマにしていますが、最も大切な問いかけは、「何のために９９０点を目指すのか」です。そして、「何のために英語の上達を求めるのか」です。

それは、ＴＯＥＩＣのスコアを上げて満足することでしょうか。スコアを上げることは、とてもうれしいことですし、励みにもなります。しかし、スコアは目標ではありません。５００点、６００点、７００点、８００点、９００点と、スコアを上げて、ついに９９０点に到達したとして、それで皆さんはどのような自分になりたいのでしょうか。

たとえば、「自分が勤める企業が海外に進出し、躍進するために貢献したい」という志を持つ人もいるでしょう。幸福の科学の信者なら、「教えを全世界に広める国際伝道師となりたい」という志を持つ人もいるでしょう。目指す目標が何であれ、**皆さんが思い描く理想の自分は、TOEIC990点レベルをはるかに超えた英語力を持っているはずです。**

990点はあくまでも通過点に過ぎません。だれもが心の中で本当に目指したいと思い、夢見ているのは、英語に堪能《たんのう》で、国際社会において日本人を代表する人材として活躍できるレベルではないでしょうか。

そのような英語レベルに到達した方にとっては、TOEIC990点は「取るべくして取るスコア」になります。私は本書で、「どうしたらTOEIC990点が取れるか」よりも、「TOEIC990点が取れる英語力に到達する方法」について、ぜひお伝えしたいと考えているのです。

2　本当に使える英語を目指す

知識面だけでなくスキル面の強化が必要

語学には、「**知識的な側面**」と「**スキル的な側面**」があります。ボキャブラリーや文法の理解は、知識的な側面です。これは「**学習**」**によって開発する**ことができます。一方、会話の中で、覚えた単語やフレーズを自由に使いこなせる能力は、スキル的側面です。これは、「**訓練**」**によって伸ばす**ことができます。

スキル的側面の例を挙げると、たとえば、最も基本的な初対面のあいさつ表現に、"Hello. How do you do?" や "It's nice to meet you." があります。これらは、中学校でも早い時期に学びますので、だれでも知っています。

ところが、どうでしょう。ある日、皆さんの知り合いが外国人の友人を連れてきたとします。見上げるような背の高さで、顔の彫《ほ》りも深く、目の色も違います。その外国人が、大きな手を伸ばして、"Hello. How do you do? My name is Mike. Nice to meet you."と話しかけてきました。英語で会話をしなくてはいけないことはわかるのですが、この状況に圧倒されて、相手が何を言っているか聴き取れず、しどろもどろになって、"Hello. It's nice to meet you, too. My name is ○○."という簡単な文章さえスムーズに言えないこともあるのではないでしょうか。

これは、『英語界の巨人・斎藤秀三郎が伝授する 英語達人への道』（A）の中で、**「覚えるレベル」と「使いこなすレベル」の違い**として指摘されていることです。知識としては文章の意味を理解できるのですが、スキルとしては使いこなせていないということなのです。テニスをされる方ならわかると思いますが、習い始めて間もない頃、ラケットの振り方を覚え、頭の中ではフォア、バック、サーブ、ボレーのやり方が理解できても、実際にコートでボールを打ってみると、上手に打ち返せないことがあると思います。やり方を知っているのと、できることはイコールではありません。

英語においては、リスニングとリーディングは、RECEPTIVE ABILITY（レセプティブ・アビリティ　受容力）、スピーキングとライティングは、PRODUCTIVE ABILITY（プロダクティブ・アビリティ　発信力）と呼ばれます。前者がインプットに関わる能力で、後者がアウトプットに関わる能力です。

どちらの能力においても、知識的側面とスキル的側面の両方の強化が求められます。たとえばリスニングでは、先ほどの“How do you do?”のケースのように、目で読むと簡単に理解できる文章が、音声では聴き取れないことがあります。**聴き取れるためには、その言葉やフレーズに耳が慣れるまで、繰り返し聴く経験が必要**になります。

リーディングにおいても同じことが言えます。リーディングにおいては語彙力が大切になりますが、暗記した単語や熟語が、実際に様々な文章で使われているところに遭遇する経験を重ねることで、その語彙は自分のものになっていきます。

特に、前置詞を使う熟語にはいろいろありますが、これは文法的に意味を考えて読むのではなく、繰り返し遭遇した結果、感覚的に意味を理解できるようになります。"I have some favor to ask you of."（あなたにお願いしたいことがあるのですが。）の"ask ~ of"や、"I would like to contribute to your project."（私はあなたのプロジェクトに貢献したいと思います。）の"contribute to"の、ofやtoの用法は、**頭で覚えることも大切ですが、文章や音声で繰り返し触れることで、考えることなしに、理解できるようになります**。ちょうど、テニスで、相手が打って来たボールを、反射的にフォアで回転をかけて返すのと同じです。繰り返しストロークを練習すると、体が勝手に動くようになります。

ＴＯＥＩＣのパート5のような文法問題では、空欄に当てはまる文法的に正しい言葉を四つの選択肢から選びますが、設問数が多いので、あまり考えている時間がありません。このように感覚的に英熟語を覚えこんでいると、瞬時に正誤を判断することができますので、短時間でパート5をこなすことができます。私の経験でも、パート5、パート6では、ほとんど考えていません。反射的に次々と答えていった記憶があります。

新しく学んだ英語を意識して使ってみる

「中学・高校で6年間も英語教育を受けているのに、なぜ日本人の多くが英語を話すことができないのか」というのは、多くの人が持つ疑問です。その答えの一つは、先ほどもお話しした、インプットとアウトプットの時間数で換算すると平均的に2000時間以下の場合が多く、圧倒的に足りないということであり、もう一つは、**スキル的側面としてのトレーニングがあまりにも少ない**ことが挙げられます。中高の英語の授業は文法や読解が多いので、スピーキングとリスニング、ライティングについてはほとんど訓練されていません。**アウトプットの少なさが日本の英語教育のもう一つの弱点**であると言えます。

日本の英語教育を改革する様々な動きがあると思いますが、英語のインプット・アウトプットの時間数とスキル面でのトレーニングが欠けている点を考慮した抜本的な教育改革は、現実的に時間がかかりそうです。

ほんとうの生きた英語を使えるようになるためには、**反射的に使える部分をどれだけ多く耕《たがや》せるかが鍵**だと言えます。そのためには、アウトプットの訓練として、**スピーキングやライティングを通して、新しい語彙や表現を意図的に使う訓練が**大切なのです。何度も使う経験を通じて、英語は自分の中に内在化していきます。

英語が堪能と思われる人でも、人前でスピーチをしたり、文章を書いてみたりすると、実際に使っている語彙が意外に少ないことが多いと思います。これは、語彙やイディオムを使いこなすPRODUCTIVEな訓練がなされていないためです。私も、「黒帯英語」から学んだ語彙やフレーズ、または映画やニュースで聞いた表現で「これは！」と思ったものは、できるだけ声に出して、口を慣らすように努めています。

最近、気に入ってよく使っているのは、『黒帯英語二段④』にある“It's just a matter of doing.”(ただすればいいだけです)です。「案ずるより産むが易《やす》し」的な感じで、「やり方は心配しないで、やればすぐにわかるから」みたいなニュアンスでしょうか。あるいは、英語学習のように、とにかく行動を起こすことが大切で、どうすれば英語が上達するか悩むより、“It's just a matter of doing”、行動あるのみです。

私の場合は、職場にカナダ出身の英語教員候補者が二名いますので、毎日英語で会話をしますから、新しく覚えた単語やフレーズを使う機会に恵まれています。しかし、このような環境にあっても、意識して新しい表現を使うようにしなければ、私の英語表現力は変わっていきません。

英語を話す相手がいなくても、自分で声に出して訓練できる

英語が上達する方法は、膨大《ぼうだい》な量のインプットと膨大な量のアウトプットをバランスよく行うことに尽きます。英語を話す相手がいないと、実践的な会話トレーニングは難しいと思いますが、その場合は、自分で声に出して訓練することをお勧めします。目で読めば問題なく理解できる文章でも、声に出して読んでみると、舌が回らず、つっかえてスムーズに言えないことがほとんどです。

私は朗読が苦手で、オバマ大統領の演説を聴いていても「よくあれだけ上手に原稿が読めるな」と感心します。大川総裁も、「オバマさんはスピーチ上手で有名ですが、一応、原稿を読み上げているということは、やはり、『読み方が上

『国際伝道を志す者たちへの外国語学習のヒント』
大川隆法著
幸福の科学出版刊

手だ』ということです。抑揚《よくよう》や発声の仕方、人を感動させるような言い方がうまいわけです。」（『国際伝道を志す者たちへの外国語学習のヒント』A）と言っておられます。

私は、原稿を読むことは苦手ですので、セミナーで講義をする場合は、原稿を使わないようにしています。もちろん、大川総裁のように何も見ずに話し続けるというのは非常に高度なので、ポイントだけメモにして演台に置いておくようにしています。

ただ、そうすると、講義で使う英語表現は自分が馴染《なじ》んだものばかりになってしまいやすいので、新しく覚えた表現をメモに書いておいて、使うようにしています。その場合、**その表現が口に馴染み、自然に言えるように、何度か練習しておきます。**

ハワイにいた頃は、よくシャワーを浴びながら練習することが多かったので、それを漏《も》れ聞いた妻は、最初、「ショーン（私のイングリッシュ・ネーム）がおかしくなって、とうとう独り言を言い出した」と思ったそうです。さすがに、周りに人がいるところでぶつぶつ独り言を言うようなことはしませんでしたが。

また、「黒帯英語」のフレーズを声に出して読むだけでなく、時々、それを録音することもしています。ソニーの語学学習用の便利な録音機があって愛用しています。自分としては上手に言えていると思って、録音したものを聞いてみると、とても聞けたものではなく、「へたくそだなあ」と思います。声のトーンを変えたり、口を大きく使って言ってみたり、大げさにハキハキと発音してみたり、いろいろ試して何度かやっているうちに、次第にネイティブ並みとはいきませんが、それなりに聞けるくらいになってきます。

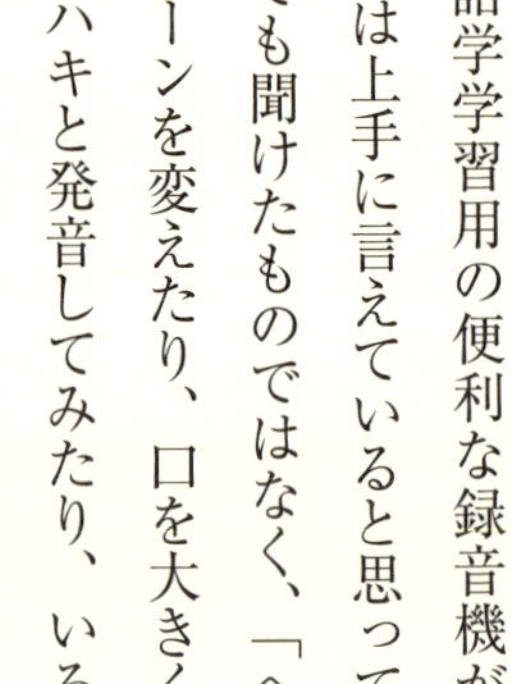

反射的に使える表現のレパートリーを増やす

「黒帯英語」で紹介されているフレーズには、私が普段は使わないボキャブラリーや言い回しが数多くあります。「quantitative easing（量的緩和）」や、EUの「sovereign debt crisis（公的債務危機）」や「austerity（緊縮財政）」、アルゼンチンの「default（債務不履行）」など、新聞やニュースで使われるような言い回しを日常会話で使うことは、あまりありません。

これらの語彙を実際に使ってみる機会を見つけるのは、なかなか難しいと思いますが、「独り言」で練習していると、必要な時にスムーズに使うことができるようになります。教材制作などで、これらの時事問題について大学の英語チームと議論する時に、「黒帯英語」で**学んだ表現が自然と口をついて出てきた瞬間は、ちょっとした感動でした**。

英会話の基本は、できるだけ平易な言葉でコミュニケーションすることですが、時事的な表現を使いこなせれば、その問題について正確な伝達ができますし、**言葉に表れる教養レベルが発言の信頼度を高める**ことにもなります。

たとえば、CNNを見ていると、世界各国のニュースについて、その国の街頭で通行人に英語でインタビューをしていることがよくありますが、日本のニュースに関しては、英語インタビューの映像はあまり見かけません。日本に関する特集のような場合でも、日本語によるインタビューに吹き替えがつけられている程度です。

もし、あなたが銀座や新宿を歩いている時に、外国のメディアが、日本のアベノミクスや集団的自衛権、日中関係などについて、英語でコメントを求めてきたとします。ほとんどの日本人が怖がって逃げてしまう中、あなたが**時事的な教養あふれる「斬《き》れる英語」で、ずばりと本質的な正論を述べることができたらどうでしょうか**。きっと、インタビュアーも「この日本人はただものではない」と思うでしょうし、それを観る視聴者も、あなたの意見を信頼できるものとして尊重し、日本人の英語力と教養を見直すことになるでしょう。痛快だと思いませんか。

　本当に英語が使えるということは、考えずに、反射的に使える表現のレパートリーが多いことを意味しています。それに比例して、「英語で考える」割合が増えてくるのです。反射的に理解できる、もしくは言葉にできるということは、その意味を考える必要がないということです。皆さんが日本語で「政府の消費税の10%増税には反対だ」と言う時、「政府」「消費税」「増税」「反対」の意味をいちいち考えて言葉にしていないはずです。これが、言語を「使いこなすレベル」であり、習得したと言える状態なのです。

キーワードは「膨大なインプットとアウトプット」

あなたの英語力が、仮にRECEPTIVE能力で中級くらいだとすると、PRODUCTIVE能力においては、その一段階くらい下のレベルにあるはずです。

RECEPTIVE能力を高めるには、語彙を増やし、多読・多聴を行う必要があります。語彙を増やすには、単語を何度も見て覚えていくしか方法がありません。多読・多聴は、目と耳を慣らすことが目的ですから、自分のレベルに合ったもの、つまり、ページを見渡して、わからない単語があまりないくらいのものを数多く読み、あるいは聴くことで、英語で直接に理解できる部分が増えていきます。

一方、PRODUCTIVE能力を高めるには、たくさんアウトプットを行うことが大切です。中級レベルの実力なら、即興の会話を積み重ねるよりも、**スクリプト化（練習用に文字化・音声化）された会話を何度も練習することが効果的です。まずは日常的な表現に口を慣らすことが大切です。**

もう少しハイレベルになってきて、TOEICでいうと800点台、900点台くらいの方々は、ある程度、難しい表現も文字で読めばわかりますから、それを耳で聴き、言葉にしていく訓練が必要です。

すべてのレベルに共通することは、先ほども申し上げたように、英語が持つ知識的側面とスキル的側面の両面を意識して、語彙や文法などの知識を増やしながら、スキルの訓練を重ねることが大切です。そして、訓練にはRECEPTIVE能力とPRODUCTIVE能力の両方を伸ばす取り組みが必要です。

キーワードは、「**膨大なインプットと膨大なアウトプット**」です。そして、インプットとアウトプットに費やした時間に比例して、皆さんの英語はネイティブ・イングリッシュに近づいていくのです。これは原因・結果の法則です。

第3章

TOEIC990点の「先」にあるもの

1 「正しい英語」と「いい英語」の違いを知ろう

この章では、TOEIC990点の先にある、「本当に使える英語」とはどのようなものかについて、私の経験も交えて具体的にお示ししてみたいと思います。それは、単に「語学力」の話にとどまらず、実際の人間関係や仕事において英語という「言葉」を駆使して成果を上げていくための、マナー面やマインド面といった「人間力」の話にまで及びます。いくつかのポイントを追ってお話しします。

TOEIC990点以上の英語を目指す過程で、避けて通ることのできない課題があります。それは、「正しい英語」と「いい英語」の違いについての理解です。

「正しい英語」とは、文法的に正確な表現を意味します。「いい英語」とは、状況に応じた適切な表現を意味しています。

文法的に「正しく」ても、ある状況下でそれを言うことが「間違い」である場合があります。簡単な例を挙げると、"How old are you?" があります。子供に"How old are you?" と尋《たず》ねることは問題ありませんが、**大人に同じ質問をすると、とても失礼にあたります**。このように、正しい英語といい英語は必ずしもイコールではないのです。

また、文法的に正しい英語でも、ちょっとした言い方の違いでまったく違う意味になることもあります。私の失敗談になりますが、ハワイにいた頃、サンフランシスコへ転勤になった同僚の男性職員（ネイティブ・スピーカー）の結婚式パーティーでのことです。私は彼に渡す物があったので、「渡す物があるんだ」と言うつもりで、彼に向けて"I have a thing for you." と言ってしまったのです。本当は、"I have something for you." と言うべきだったのですが、間違ってしまったのです。

この二つの文章には、どちらも文法的には間違いはありません。しかし、"I have a thing for you." と言うと、「私はあなたに好意を持っている」という意味になり、私が彼に愛を告白していることになってしまいます。あわてて言い直しましたが、聞いていた周りの人たちは、「彼の結婚式の日に私が同性愛者であることをカミングアウトした」と勘違《かんちが》いしたかもしれません。これは恥ずかしい経験でした（誤解を避けるために再確認しておきますが、私は同性愛者ではありません）。

このように、文法的に正しい英語が必ずしも適切な表現だとは限らないのです。

「REGISTER」に応じた正しい表現の大切さ

英語教育に「REGISTER」という用語があります。「使用域」と訳されますが、日本語でも「レジスター」で通用しているようです。これは、フォーマルな関係、カジュアルな関係、親密な関係など、**対人関係の距離感に応じて、使うべき英語が使い分けられるべきこと**を意味します。会話では正しい REGISTER で表現されることが求められます。

会議や学会発表、ビジネスプレゼンなど、フォーマルなREGISTERの場合は、硬い表現で、専門的なボキャブラリーが多く使われます。カジュアルなREGISTERは、主に友人や同期の同僚などとの間でのコミュニケーションで使われる表現が当てはまります。親密なREGISTERは、家族や恋人、親友のような、非常に近い関係にのみ許される表現レベルです。

たとえば、「あなたは、今度の会議に参加される予定ですか」「残念ながら、参加することができません」というやり取りを、REGISTER別に表現を変えると、次のようになります。

フォーマル　"I was wondering if you would participate in the upcoming conference."

"I would love to, but I am afraid I won't be able to."

（参加したいのはやまやまなのですが、残念ながらできません）

カジュアル　"Are you gonna join the next gathering?"（今度の集まり行く？）
"No, I can't make it."（ああ、行けないな）

親密　"Hey, you going? You know. That thingy."（おい、行くの？ ほら、あれ）
"Na."（ダメ）

これを間違った REGISTER で言ってしまうと、不適切な表現と受け取られます。フォーマルな状況下で、"Na." とか、"Kind of." （まあね）とか、"Beats me."（わかんねえ）みたいな表現を使うと、REGISTER が間違っているわけです。

単語の使い方についても、このような REGISTER のルールがあります。たとえば、「歩く」を意味する単語は、walk, proceed, approach, tread, wade, stroll, stride, march, step など何種類もあります。「駅まで歩く」という場合には、walk を使います。しかし、仮に自宅から駅までの道で、ひったくりに遭《あ》ったとします。

通報を受けて事情聴取を行う警察官は、walk を使わず、proceed を使います。「A 地点から B 地点に proceed しているところに、犯人が背後から approach してきた」という表現になります。日常では walk ですが、法律的なオフィシャルな REGISTER では proceed になるわけです。

上下関係に応じたコミュニケーション

REGISTER とは少し異なりますが、上下関係に応じたコミュニケーションのルールもあります。アメリカ社会の会社組織では、日本に比べて、人間関係がフラットに見えますが、会話の仕方には微妙な上下関係があります。

たとえば、勤務中のオフィスで上司が部下に声をかける場合、原則として、上司は部下の時間を自由に使う権限があるので、部下が仕事中で忙しくても、"Hey, Joe, can you take care of the complaint from ○○ Corporation?"（やあ、ジョー、○○

コーポレーションからのクレームに対応しておいてくれるかい）などと声をかけることができます。それに対して、部下は仕事を中断して応答する義務があります。

一方、部下が上司に声をかける場合、部下には上司の時間を自由に使う権限はありませんから、まず、“Excuse me, Mr. Johnson. Do you have a minute?”（ミスタージョンソン、お仕事中すみませんが、少しお時間ございますか？）と尋ねなければいけません。そのうえで、上司の側がＯＫなら、“Well, I was wondering if I could ask for your advice regarding the negotiations with ○○.”（○○との交渉について、少しアドバイスをいただけないでしょうか）と本題を切り出します。

こうしたことは、上下関係の厳しい日本のオフィスではよく見かける光景ですが、**英語にもやはり、上下関係の機微《きび》があるのです。**この部分を配慮せずに、フラットな関係だからといってアプローチの仕方を間違ってしまうと、失敗してしまうので注意が必要です。

日本人が気を付けたい「COLLOCATION」と文章表現

文法的には正しいが、慣用的には正しくないというケースは、単語の使い方のレベルにおいてもあります。英語でCOLLOCATION（コロケーション）という言葉があります。これは「連語」とも訳されています。連語とは、たとえば、for the sake of～（～のために）のように、複数の単語を組み合わせて一つの意味を持つ場合に用いられます。COLLOCATIONの実際の意味合いはもう少し広く、慣用的な単語の組み合わせ方に関するルール全般のことを指します。

たとえば、ビックリ企画のようなことを、英語でbig surpriseといいます。内緒でパーティーを企画しているとか、予想以上のプレゼントなどに使います。それをlarge surpriseとは決して言いません。また、「白黒」のことを、black and whiteとは言いますが、white and blackとは言いません。「塩コショウ」を「コショウ塩」とは言わないように、salt and pepper は、絶対に pepper and salt とは言いません。また、「出勤する」を、go to work とは言いますが、go to job とは言いません。どれも文法的に間違いがあるわけではありませんが、コロケーションが間違っているのです。これは文法的なルールではなく、慣用的なものです。

文法的には間違いがないが、慣用的には正しくない場合は、文章表現の使い方においても見られます。文法的に正しい文章のうち、一方が常に使われ、他方は使われないことがあります。

たとえば、「買い物に行く」という表現です。日常会話で、「昨日は何をしましたか」という質問への答えとして、「昨日は、新宿に買い物に行きました」を英語で表現すると、多くの日本人は、"I went to Shinjuku for shopping." と表現します。しかし、ネイティブ・スピーカーがこの言い方を使うことはありません。彼らは、"I went shopping in Shinjuku." と言います。どちらも文法的には間違っていません。しかし、後者が必ず使われます。

同じく、日本人の間でよく使われる表現に、「遊びに行く」「友人と遊ぶ」があります。「週末はどう過ごされましたか（What did you do last weekend?）」に対して、「友達と遊びにいきました」と答える場合、"I went to play with my friend." という表現は使われません。play は、小さな子供との関係で使われる言葉ですので、意味は通じるかもしれませんが、若者の場合は、"I hung out with my friends."、大人でしたら、"I met my friends." となります。英語で「遊びに行く」を正確に表現することはあまりないように思います。"I met my friends for lunch."（友人とランチをしました）、"I went on a picnic with my friends."（友人とピクニックに行きました）などの言い方になります。

また、"Let's" を使う文章にも、ネイティブ感覚では使われない表現がありま す。たとえば、"Let's enjoy listening to music." という文章は、文法的には何の問題もありません。しかし、この表現は使われることはありません。"Let's listen to some music." となりますが、実際の会話では、"Why don't we listen to some music?"のほうが、こなれた感じがします。"Let's enjoy some music."と言うことは非常に稀《まれ》です。"enjoy listening to music"は、たとえば、「休日はどう過ごされますか?」と尋ねられて、「音楽を楽しみます」と言う場合に、"I enjoy listening to music."と言うことはあります。**一般的に、日本人には"Let's"文が好まれる傾向があるようですが、実用レベルでは、それほど使われません。**使わないということではありませんが。

さらに、少し内容は異なりますが、文法的には間違いであっても慣用的に使われている表現もあります。たとえば、「数が多すぎる」を意味する表現に、"There's too many (of them)."という言い方があります。これは"There are too many."の口語表現です。too many は複数ですから、文法的には、be 動詞は are でなくてはならないはずですが、ここでは is になっています。

「なぜそうなるのか」ということは興味深い問題ではありますが、**「そうなっている」と知ることが大切なのです。**英語には、このような慣用的な語法がいくつもあります。これらは教科書では学べないものが多いのですが、実用レベルの英語としてはぜひ学んでおきたいものです。

2　対人関係で大切な「間接的な表現」「英語圏のマナー」

言いにくいことを伝える「間接的メッセージ」

一般的に、英語は論理的で、YES か NO がはっきりしている言語だといわれています。また、日本人は YES・NO をはっきり言わないことでもよく知られています。

しかし、白黒を明確にできない状況は、どこの言語社会にもありますし、英語にも YES か NO かを明確にしない、あいまいな表現はあります。あいまいな表現は、意思表示を明確にできない場合に使われることもありますが、多くの場合は、**はっきり言うと角《かど》が立つので、言いにくいことを間接的に言うために、不明瞭な表現が使われるのです。**

たとえば、知り合いの家庭に招待されて、初めて食べる料理について、「この料理、お口に合いますか」と聞かれた時、正直なところ、おいしいとは思えない場合、「面白い味ですね」とか「エキゾチックな味ですね」とか答えることがありますね。「面白い味」が何を意味するのか、よくわかりませんが、「おいしい」と感じていないことが、それとなく伝わります。

英語に、"I'll make a note of that." という表現があります。直訳すると、「ノートに取っておきます」です。この表現は、何らかの提案に対して、YES・NO をあいまいにする場合に使われます。

たとえば、ミーティングで、いろいろな意見が出てきたとします。いい提案なら、"That's an excellent idea!" となりますが、そうでない場合は、相手を否定するような言動はできれば避けたいですから、ダイレクトに“That's boring.”や“That's useless.”みたいなことを言うことはありませんが、親しい友人同士ならありますが、通常の職場では極めて少ないです。

そんな時に“I'll make a note of that.”がよく使われるわけですが、これは、「参考になるので、ノートに取っておきます」という意味ではありません。賛成とも反対とも、どちらとも言わずに、あいまいな意思表示の中で、間接的に「一応、聞いておく。でも、その話はこれで終わりだ」ということが伝えられています。言い換えれば、間接的に却下しているわけです。

これと似ている表現に、“It's in the book.”があります。“book”は帳簿のことで、直訳すると「すでに帳簿に記録されています」となります。これは、上司が部下からクレームを受けていて、部下がくどくどと繰り返し同じことを言っている時などに使われる表現です。「ちゃんと帳簿に記録されているから、心配しなくてもいいですよ」という内容が、ここでは、「もうわかった。それくらいにしておこう」という間接的なメッセージになります。

映画やドラマでは、言いにくいことをズバズバとダイレクトに言うシーンをよく見かけますが、実際のホワイトカラー系の職場環境では、相手と対立する言葉や、自分の考えを押し付けるような表現は、できるだけ避けられます。

もちろん、対人関係において対立や押し付けが起きないということではありません。むしろ盛んに起きています。ところが、**言葉の上では細心の注意を払って、直接的な批判や命令的な口調は避ける**のです。日本人はその逆で、対人関係の不調和を避けますが、言葉では「これは間違っている」「このようにすべきだ」「こうしなさい」と、アメリカに比べると幾分かダイレクトに表現されているような印象を受けます。もちろん、これは一般化した話であり、個別の具体例を見ると、どちらの社会にも極端なケースはありますので、当てはまらないこともあるかもしれません。

しかし、日本から欧米に赴任する駐在員が、「英語ははっきり言わなければいけない」と思い、必要以上にダイレクトな表現を連発して眉《まゆ》をひそめられることがあります。これは異文化間コミュニケーションのテーマでしょうが、英語の上達を目指す過程で、知っておくと役に立つと思います。

「相手の都合」を優先した有効な間接的表現

英語においては、表現は間接的であいまいでも、込められているメッセージは明確です。先ほどの状況下で、ネイティブ・スピーカーは相手の意図をくみ取っています。**言葉の上では調和的なので、内容が明確でも角が立たないのが、英語環境の面白いところです。**

もちろん、ちゃんと理解できる人ばかりではありませんから、原則として、最初は間接的に伝え、それで伝わらないと直接的に言い換えることになります。たとえば、"It's in the book." と言った後でも、まだ部下が同じクレームを言い続けていると、“Peter, I think I've heard enough. You can stop telling me about that now.”（ピーター、もう十分話は聞いたから、その辺にしておこう。）と、直接的に諭《さと》すことになります。その場合は、最初のメッセージを理解できなかった側に「ルール違反」があるわけですから、直接的な表現に正当性が生まれるわけです。

「黒帯英語」でも紹介されている、“I should let you go.”という表現があります（『黒帯英語二段③』No.777）。これは、立ち話や相談ごとで話し込んだ時に、話を切り上げるために使われる表現です。“I will let you go.”というと、まるでスピード違反で捕まった人に、警官が「今回だけは見逃してやる」と言うような、上から目線の言い方になりますが、ここではshouldが使われていることで、ニュアンスとしては「私はあなたと話を続けたいのですが、多忙なあなたの時間はとても貴重なので、残念ですが、もうこれ以上引き留めることはいたしません」というメッセージになり、相手の都合を優先した言い方になります。本音のところは、**忙しいので早く話を切り上げたいと思っているのは自分のほうなのですが、「私は**

忙しく、あなたとこれ以上ゆっくり話をしている時間もないので、もう解放してほしい」とはっきり言うのも憚《はばか》られるので、間接的表現を使うのです。

これは電話の場合でも有効です。仕事で忙しい時に電話がかかってきたら、しばらく話をした後に、キリのいいところで、"Well, I'm sure you're busy. So, I should let you go." と言って切り上げればいいわけです。親しい間柄なら、"Sorry, I gotta go." でことが足りますが、この場合は自分の都合を優先していることになります。"I should let you go." の場合、**相手の都合を先に考えていることになるので、社交辞令的には非常に有効な間接的表現**だと言えます。

こうした間接的表現に込められた本当の意味を、知識として知っていないと、相手のメッセージを理解できませんから、「鈍《にぶ》いやつ」ということになってしまいます。**英語力とは、つまるところ英語でコミュニケーションする能力、すなわち、相手のメッセージを正確に理解し、自分が伝えたいメッセージを上手に伝える力**ですから、間接的な表現やあいまいな表現を駆使して、微妙なニュアンスを明確に伝える技量を高めることも必要になります。

コミュニケーション力に欠かせない国際社会の「PROTOCOL」

２００９年11月にオバマ大統領が来日した時、天皇皇后両陛下に対し深々と90度のお辞儀《じぎ》をして、アメリカ国内で強烈なバッシングを受けたことがあります（右写真）。今年の４月に来日した時は、お辞儀をせず、いわゆるグローバル・マナーに戻していました（左写真）。

公式の立場で注意すべきマナーをPROTOCOL（プロトコル）といいます。グローバル・マナーでは、握手は右手でしっかり握り、頭は下げず、誠意をこめてアイコンタク

BBC News Asia のサイトより。
http://www.bbc.com/news/world-asia-27137159

The Wall Street Journal Japan のサイトより。
http://blogs.wsj.com/japanrealtime/2014/04/24/obama-to-greet-emperor-but-may-not-bow/

トをします。手を差し出すのは、常に上位者からです。

ビル・ゲイツ氏が2013年4月、韓国の朴槿恵《パククネ》大統領との挨拶で、左手をポケットに入れたまま握手したことがあります。これについて、韓国メディアは一斉にゲイツ氏を酷評《こくひょう》しました。同じように、GOOGLEのラリー・ペイジ氏が朴大統領と両手で握手した時も非難の嵐となりました。韓国は少し特殊なところがあるようですが、国際社会でのマナーがあることは知っておくべきです。

日本人が海外の公式な場で、立場のある人と会った場合、言葉の上では“Hello, how do you do? It is a great honor to meet you.”（こんにちは。初めまして。お会いできてとても光栄です）と丁寧に挨拶できているのに、振る舞いのほうがチグハグだと、丁寧な英語表現が無意味になってしまいます（ちなみに、初めて「会う」はmeet、再び「会う」はseeが使われます）。**コミュニケーションは、語学だけではなく振る舞いも含んでいる**ので、英語の上達を目指す上で、このようなPROTOCOLについてはぜひ学んでおくといいと思います。

コミュニケーションの文化は英語圏でも国によって異なる

心理学者のアルバート・メラビアンによれば、互いが顔を見合わせている状況でのコミュニケーションでは、互いを理解する際に頼りにしているのは、言語情報、すなわち言葉によって伝えられる意味や内容が占める割合が7％、ボディランゲージなどの視覚情報が55％、口調や声のトーンなどの聴覚情報が38％だそうです。コミュニケーションのほとんどが、非言語情報によって成り立っていると言えます。

言葉と振る舞いが矛盾している場合、人は振る舞いや口調によるメッセージを優先することになります。グローバル・マナーの例にもあったように、振る舞いや口調が言葉の伝達と調和していることが大切なのです。

英語に自信がないと、見た目からして自信なさそうで、頼りない印象を与えてしまいますので、**演技をするようなつもりで、自信ありげに振る舞いながら英語**

を話すように心がけることも、メッセージ発信としては大切だと思います。

あくまでも私の個人的な見解ですが、欧米社会では、「自信があるように振る舞う」ことが思いのほか重要視されているように思います。内心はドキドキでも、決して顔に出さず、わからないことがあっても何ら問題がないように振る舞うように努めるわけです。日本では、愛嬌《あいきょう》として自信なげな素振りをすることがありますし、あまり自信ありげだと、傲慢《ごうまん》に思われるかもしれないので、謙虚さの姿勢として、そうすることもあるように思います。しかし英語圏には、**日本とは別の非言語コミュニケーションの文化**がありますので、それを知っておくことも重要です。

少し話は変わりますが、日本人のビジネスマンがアメリカ人のビジネスマンと商談などで会う時に、先方が唐突に家族の写真を見せて、「これがウチの娘でね。彼女は乗馬が得意で、大学の大会で優勝したんだよ。これが息子でね、彼は頭が良くて、自分でロボットを組立てるんだよ！…」みたいなことを話し出し、どう反応していいか困ってしまうことがあります。

このように、アメリカではビジネスで会う初対面の人が、自分の家族のことやプライベートなことを話し出す場面がよく見られます。もちろん、プライベートといっても「今、夫婦仲がよくなくて別居中なんだよ。ハハハ！」みたいなことは決してありません。必ず家族のいいことだけを話します。

これは友好の証《あかし》であり、また、家族関係が良好なしっかりした人間であることのアピールであるようです。同じ英語圏でも、イギリスでは、初対面で自分の家族のことを自慢する人に私は会ったことがありません。日本でもイギリスでも、家族のことは、もう少し関係が近づいてから、ぼちぼち話すような感覚でしょうか。

ただ、ビジネスでアメリカ人と会う時に、アメリカのプロトコルとして、このような慣習があることを知っておけば、とまどうことなくコミュニケーションを円滑に進めることができます。こちらも家族の楽しげな写真を財布に入れておいて、自慢話の一つや二つを用意しておくといいかもしれません。

3　ミーティングでの会話力を高める「貢献マインド」

ミーティングやパーティーでの会話に入り込めない日本人

さて、**語学的には英語を話すことができるのに、人の集まりの中では英語で上手に発言することができない**という悩みを持つ日本人は多いはずです。

英語圏の外国人と仕事をする日本人の多くは、ミーティングでの発言に苦労します。速いテンポで会話が進む中、十分に話を聴き取れず取り残されることが多いうえに、自分も発言しようとしても、何を言うかをまとめているうちにテーマが移り変わってしまってチャンスを逃すというのが大抵のパターンです。

議論に熱くなり、感情的に激高《げっこう》してしまうこともあります。ずっと黙っていたのに、口を開いて議論になると感情的になる人の姿は、少し奇異に見えるはずです。会議だけでなく、会食でテーブルを囲む時や立食パーティーで数人がグラスを片手に立ち話をする時も、話に入り込めずに途方に暮れるという経験をします。

かく言う私も、過去を振り返ると苦い記憶ばかりがよみがえります。ロンドンにいた学生時代は、授業の合い間と言えば、図書館にこもるか、カンティーン（カフェテリアをイギリスではカンティーンと言います）で学生仲間とまずい紅茶をすすりながら世間話をするかのどちらかでした。私の場合、初めの頃はリスニングの力が不足していたので、他愛もない無駄話でも、ちゃんと聴き取れなくて、話についていけないことがよくありました。

むしろ、**世間話だからこそスラングや口語表現が続出するので、アカデミックな内容を議論するよりも、はるかに難しく感じました**。仲間たちも、私の英語力が不十分なことを気遣ってくれて、時おり話を振ってくれるのですが、そもそも会話の流れについていけていないので、気の利いたことも言えずにお茶を濁《にご》していました。

まあ、私はわかったふりをするのが非常に得意でしたので、まさか私が話を理解していないとは思ってもいないようでしたが（笑）。

専攻していた文化人類学のゼミは、一人が既存の学説についてプレゼンをし、質疑応答と議論、最後に教授が締めくくるという流れです。議論が盛り上がると、私はなかなかタイミングよく意見を挟《はさ》むことができずに苦労しました。クレー射撃のように、次々と飛んでくる標的に瞬時に照準を合わせて打ち落とすような難しさを感じていました。あるいは地下鉄の駅などで、お年寄りがエスカレーターに足を入れるタイミングが合わず、難儀されているような感覚でしょうか。だれにでも簡単にできることが自分にはできないという、みじめな気分です。

3ヵ月くらい、この劣等感に耐えていましたが、「発言の機会は自分でつくるしかない。クレー射撃が難しいなら、クレーの発射を止めればいい」と思い、自分が発言したい時は手を控《ひか》えめに挙げて"May I?"と言って注意を集めることにしました。少人数のクラスなので手を挙げる必要はないのですが、注目を得るには効果的です。私が発言するのは珍しいので、みな、話を止めるわけです。それ以降は、"May I?"とか"Let me say…"とか、何か一言入れて発言するようにしました。

幸福の科学の職員となり、ハワイ支部長を務めるようになっても、初対面の人とのミーティングや食事の席での発言がどこかぎごちなく、苦手意識が残っていました。

ミーティングでの発言は「与える愛」の観点で

ある時、何かの映画を見ていた時です。ハワイにいた頃は、日常的な表現を学びたくて、よく映画を見ました。

映画のタイトルも内容も忘れてしまったのですが、あるメンターのような男性が、これからパーティーに参加する若者に手ほどきをしているシーンがありました。パーティーは基本的に立食スタイルですから、皆、グラスを片手に、会場のあちらこちらで数名のグループを作って会話の花を咲かせるというシチュエーションです。そこで、メンターは若者にこうアドバイスしました。

「パーティーではできるだけ多くの人に会って会話をすることが大切だ。一つのグループを選んで近づいていき、まずは話の内容に耳を傾ける。次に、もしその話題について自分に貢献できることがあれば、勇気を出して話に割って入る。話がひとしきり盛り上がって次の話題に進んだら、別のグループに向かい、同じようにすればいい」。彼は“contribute”と言う言葉を使いました。正確ではありませんが、“If there is something you can contribute to the topic, take courage and step into the conversation.”というようなことを言っていたと思います。

この“contribute”という言葉に、私ははっとしました。長年の謎《なぞ》が解けたような気分でした。「なるほど、貢献するのか！」と。

私はそれまで、ミーティングなどの集まりでは、自分の意見を「ちゃんと発言しなければいけない」という義務感のような思いを持っていました。加えて、「しっかり発言しないと、意見を持っていないと思われる」という自己防衛的な思いもありました。「発言する」という行為について、まるで剣道の試合で一本を勝ち取るようなイメージを持っていたようで、心は「**自分がどう思われるか。いかにして相手に勝つか」という自分中心のベクトル**に向いていました。

ところが**「貢献」は「与える愛」です。**まったく正反対のベクトルなのです。目からうろこが落ちた気分でした。「与える愛」の大切さは、幸福の科学の教義の基本として学んでいましたが、「ミーティングも与える愛が成功の鍵」だとは考えてもみなかったのです。

ミーティングという状況を、「奪う愛」の視点、つまり、いかに自分が周囲から認められ、賞賛や尊敬を勝ち取るかという、自分中心の視点からとらえると、周りの人々は自分と敵対もしくは競合する関係にあり、ディスカッションはポイントを競い合う競技であるかのように映ります。

一方、「与える愛」の視点から見ると、周りの人々は善意の協力者であり、議

Just change your mind and think about the happiness of other people.

ただ思いを変えて、他の人々の幸福を考えてください。

大川隆法総裁英語説法“The Way to Success”より
（『実戦英語伝道入門』B）

論は自分が彼らの役に立つための機会となります。ミーティング内での人間関係が敵対関係か協調関係かを決めるのは、自分が「奪う愛」と「与える愛」のどちらの立場に立つかを選択する、自分自身の心であるはずです。

自分中心から「無我《むが》なる貢献」へのマインド転換

よくよく考えれば、敵対する人など、どこにもいないのです。たとえば、仕事でミーティングをするメンバーであれば、それは共にプロジェクトを成功に導こうとする善意の人々なのです。もちろん、中には人を陥《おとしい》れるような悪意を持つ人もいるかもしれませんが、前提として、ミーティングに参加している人々を、共に助け合う善意の協力者と見たほうが、幸福であるはずです。

このことに気づいて以来、ミーティングでのディスカッションや会食での歓談における自分のマインドが、180度変わりました。「いい意見を言えるだろうか」「ダメなやつだと思われないだろうか」という幼稚な心配ではなく、**「自分はこの場にどう貢献できるだろうか」「この人たちの知識に自分が加えられることはあるだろうか」**という気持ちを持つと、自然体で臨むことができるようになったのです。

そう考えると、別に自分に特に言いたいことがなくとも全然かまわないのです。なぜなら、自分に貢献できる意見がないのであれば、聴き役に回ればいいのですから。聴き役として、相手の話を引き出してあげられるように、上手に話を聴くという「貢献」の仕方もあるのです。

アクティブ・リスニングという言葉があります。カウンセリングでは「傾聴《けいちょう》」

と言いますが、ただ受け身で人の話を聴くのではなく、注意深く話に耳を傾け、相手の心の声にも耳を傾けるような聴き方です。自分のことを心配しながら、人の話を聞き流すのではなく、相手の人生への貢献を考えながら話を聴くのですから、心境的にもまったく違いますし、コミュニケーションの内容もまったく違うものになります。

英語でのディスカッションにも、守るべきマナーがあります。まず、異なる意見を発する相手の言葉にダイレクトに反論しないことです。相手の言い分に一理あることを認めたうえで、自分の意見を述べたり、相手の議論の矛盾点を指摘するようにします。また、相手の言葉を決して遮《さえぎ》らないことも大切です。議論に激高すると、相手の言葉を遮って自分の意見を押し付けたい誘惑に駆られるかもしれませんが、そこは踏ん張って、平静さと上機嫌を保ち、冷静に相手の話に耳を傾けます。感情的になることは、なんとしても避けるべきです。

このようなマナーの目的は、敵対関係を緩和するための智慧《ちえ》であると見ることもできますが、私はそれを、**「ディスカッションの参加者が、新たな価値を創造するという高次の目的に共に貢献できるように、互いの立場と意見を尊重し合うルール」**であると考えたいと思います。

互いを「リスペクト」するということが、ここでの重要なポイントです。英語のRESPECTという言葉は「尊敬する」という意味だけでなく、「尊重」や「価値あるものとして認める」意味が含まれています。人の意見を価値あるものと見て、丁寧に聴き、冷静に内容を吟味して、自分の考えや評価を伝える姿勢が前提としてあります。仮に意見が競合することがあっても、それは高次な目的のためであり、どちらが勝っても、よりよいアイデアが採用されるほうが、組織にはプラスになります。少人数の集まりでのコミュニケーションに上達する秘訣は、スキルではなく、このような**「無我」の実践**にあると思います。

「英語を学ぶ」とは「英語で人を幸福にする力を磨く」こと

ディスカッションへの参加の姿勢が変わったのに加えて、宗教家として説法に臨む姿勢も大きく変わりました。説法の目的は、伝道であり、救済であり、信者の養成です。説法をする立場にある人なら、だれでもそれを理解しています。しかし、実際に人前で話す時になると、「自分はどう見られているだろうか」「いい話ができるだろうか」「聞き手をがっかりさせないだろうか」などといった、心配や緊張をぬぐい去ることができない経験をする人は多いはずです。

私の場合は、「貢献」をキーワードとして説法に取り組んだ時、**「自分は、目の前にいる人々に何をしてあげられるだろうか。皆、何らかの悩みや問題を抱えて生きている。今日という一《いち》期《ご》一《いち》会《え》の機会に、彼らが人生を好転させるための手助けをしたい」**という思いに変わりました。

今思うに、この時が自分の宗教家としての自己確立というか、目覚めであったように思います。思いのベクトルを参加する人々に向ける時、一人ひとりの人生や心境に対して関心が向かい始めます。自分が語る言葉が言霊《ことだま》となって、神の光を宿し、聴衆の一人ひとりの心に届き、希望となり勇気となっていくことをイメージして説法できるようになりました。それでも、大きな会場でのセミナー前には少し緊張しますので、心を整え、思いのベクトルを自分から参加者に切り替えるようにしていきました。

私は、もともと内気なほうだったので、人前で話をするのはとても苦手でした。ロンドンへの留学経験を経て、内気な性格は大幅に改善されたと思いますが、人前で話をすることは、できれば避けたいことだったのです。そんな私が、今では人前に立つ時に、少しも緊張しません。心臓の鼓動も平静です。それは、何百回と説法を経験したということもあるでしょうが、やはり**「貢献」というキーワードによって、人に向かう姿勢が変わった**からだと思います。

大川総裁の『太陽の法』（A）に、**「愛は言葉にて人をつくるのです」**という美しい一節があります。言葉が人を導き、人に希望を与え、人を立ち直らせ、人に新たな創造力をもたらします。「言葉は人に幸福を与えるためにある」のだと思うのです。ならば、**「英語を学ぶ」とは、「英語で人を幸福にする力を磨くこと」だと思います。**

読者の皆様も、今後、ミーティングや会食のような複数の人々と英語で会話する機会に出会い、「リスニングもスピーキングもまだ修行中の自分でも、どうすれば上手に会話に加わることができるんだろうか」と思う時が来たら、**ぜひ“contribute”という言葉を思い出していただきたい**と思います。

英語での会議においては、「自分ができる貢献は何か」を考えてください。あなたの言葉で、プロジェクト・メンバーの希望ややる気、情熱を引き出すことができるかもしれません。温めていたアイデアを提供することで、プロジェクトを一歩前進させられるかもしれません。英語で悩み相談に乗ってあげる時に、相手の話を魂で聴き、心から発した智慧の言葉が、相談者の心の傷を癒《い》やす光になるかもしれません。また、問題解決のヒントとなって、その人を絶望の淵《ふち》から救い、希望を差し上げられるかもしれません。

「**自分のための英語」から、「人の幸福のための英語」にシフトすることで、英語の可能性は無限に広がります。**ＴＯＥＩＣ９９０点を目指す段階は、いわば〝義務教育期間〟であり、その卒業の後に、人と人のつながりの中で他人の幸福にも貢献することを目指す〝社会人〟としての英語力があるのだと思います。

4　真のグローバル人材に不可欠な「ディベート力」

グローバル人材とは何か

ＴＯＥＩＣ９９０点レベルの英語は、いわゆる「グローバル人材」の入口あたりにいるレベルだろうと思います。

「グローバル人材」とは何かというと、いろいろな方々がいろいろな定義をしていますが、結局、これがグローバル人材という定義は定まっていません。文部科学省は、①語学力・コミュニケーション能力、②主体性・積極性、チャレンジ精神、協調性・柔軟性、責任感・使命感、③異文化に対する理解と日本人としてのアイデンティティ、という人材像を採用しています（平成23年6月22日グローバル人材育成推進会議「中間まとめ」より）。

海外留学経験者の多くは、一見すると、これらの資質を身に付けているように思えます。しかし、すべての要件を満たしている人は、おそらく極めて少ないのではないでしょうか。よく見てみると、これらの要件には「教養」が含まれていませんが、グローバル人材について論ずる多くの方々は「語学力だけではなく、中身が大切だ」と異口同音に言っておられますので、教養の大切さは暗黙の共通認識なのだろう（?）と思います。

いずれにせよ、これらの要件に基づき、文部科学省の主導でグローバル人材養成のための取り組みが各大学で始められていますが、各大学の取り組みを大別すると、①英語教育の強化、②留学支援、③留学生の受け入れ、④英語での授業開講といったところになります。この他に、海外ボランティア経験を積極的に推進する大学なども見受けられます。

ディベートは説得力の高さを示すための「知力戦」

グローバル人材に期待される能力・資質として、よく言われているのが「発言力」です。よく知られているジョークに、「国際会議で有能な議長とは、インド人を黙らせ、日本人をしゃべらせることができる者だ」というのがありますが、それくらい、日本人は発言しないことで知られています。発言力に関連して、どの大学でも力を入れているのが、ディベート力の強化です。大川総裁も、著書『英語が開く「人生論」「仕事論」』（A）で、仮に英語力に優れても、日本人はあまりディベートに向いていないところがあると指摘されています。

ディベートとは、広くは「討論すること」ですが、一般的に「ディベート」と言うと、原発問題や憲法改正、同性婚など論争の的になっている問題について、賛成派と反対派に分かれて議論を戦わせる取り組みを指します。競技ディベートでは、討論が形式化されており、主張・質疑・反論・結論などを交互に行い、説得力を競います。そして、第三者によって勝敗が判定されます。

アメリカの大統領選挙でも、共和党と民主党の候補がテレビでディベートを行います。これは形式化されたディベートではなく、司会が進行を取り仕切り、自由に議論が繰り広げられます。基本パターンは、相手の政策や過去の言動を批判

『英語が開く「人生論」「仕事論」』
大川隆法著
幸福の科学出版刊

しつつ、自らの掲《かか》げる政策の優れた点をアピールします。2012年のオバマ大統領とロムニー候補の激しい論戦は、まだ記憶に残っていることと思います。

テレビのディベートで、相手の揚げ足をとり、重箱の隅をつつくように批判し合う両名の姿は、見ていてあまり気持ちのいいものではありませんが、彼らの目的は一つです。ディベートを通して、**自らの説得力の高さを示すこと**です。その判定は視聴者によってなされるわけですが、ここでの勝敗が選挙結果にダイレクトに影響するので、ディベートの位置づけは非常に重要です。2016年の大統領戦に向け、アメリカでは再び候補者のディベートが行われることになります。

先ほど、会議などで発言する際のキーワードとして「貢献」について述べましたが、ディベートの場合、少し意味合いが変わってきます。なぜなら、ディベートには勝敗があるからです。討論の相手とは、明確にライバル関係があります。もちろん、ディベートという活動の本来の目的を考えると、意見が対立する者同士であっても敵対関係にあるわけではなく、広い意味では、議論を重ね、より高次な結論に到達する協調関係にあるともいえます。しかし、ディベートにおいては、議論の組み立てや、データによる根拠の提示、相手の議論の矛盾を焙《あぶ》り出す知力などが試されており、競うことが前提にあります。自分に貢献できる意見がないからといって、聞き役に徹するわけにはいきません。

国際社会で通用する人材を目指す人であれば、英語のさらなる上達を目指すうえで、ディベート力の習得・向上は必須課題であろうと思います。

ディベートに必要な勇気、責任感、「正しさ」への貢献

私は、競技としてのディベートをやったことはありませんが、議論であれば、ロンドン時代に日常的によくやっていました。英語力不足から、自分が納得できる討論ができず、自分の嘆かわしいディベート力に劣等感を感じていました。

そんなある日、自分のカレッジで文化人類学の研究会があり、日本を研究する院生が何名か発表をしていました。半円形の劇場型の教室で、100人以上は集まっていたと思います。私は後方の全体を見下ろせる席に座り、発表を聞きました。

発表者たちは全員、口をそろえて「日本は難しかった」「日本人社会に溶け込めなかった」と、半ば愚痴《ぐち》まじりに日本社会について批判的なコメントをしていました。同じ感想を持つ研究者同士は互いに同情的ですし、日本のことに無知な聴衆も、おおむね彼らの言葉に引っ張られ、日本について、なんとなく否定的な空気ができあがってしまいました。

その時、私の博士課程の先輩にあたる日本人の研究者が、さっと手を挙げ、意見を言い始めました。彼は私より3年ほど先輩で、英語に堪能であり、研究者としての佇《たたず》まいも持っていました。彼は立ち上がり、「あなた方は日本社会の排他性を指摘し、批判的なコメントをするけれども、それは異文化環境でフィールドワークする人類学者ならだれでも直面する問題ではないでしょうか。フィールドワーカーは皆、調査地のコミュニティに受け入れられるために大変な苦労をしています。日本社会に原因があるのではなく、研究者の技量の問題なのではないでしょうか」と言い放ちました。アンチ日本的な空気は、ピシャリと冷や水を浴びせかけられるような形になり、発表者達も二言三言、反論を試みましたが、本当は返す言葉がありませんでした。

その時、私は**自分に欠けているもの**が何かを理解しました。**一つは勇気**でした。大勢の人がいる中で発言すること自体、勇気がいることですが、大勢に反する意見を決然と発することは、決して簡単なことではありません。

二つ目は正義感、もしくは責任感です。研究会で発言をした日本人の先輩は、二つの責任を担《にな》っていたと思います。まず、日本社会を代表して、日本に対する間違った認識を正す責任であり、もう一つは、研究上の偏《かたよ》った議論を見過ごさない責任と正義感です。

私には、多くの学生や研究者がいる中で手を挙げて発言する勇気がありませんでしたし、どこか他人事でもありました。その時、「発言する勇気とは、日本人としての責任感、研究者としての責任感から出てくるべきものである」と気づきました。国際社会においては、「自分が何者であるのか」「自分はいかなる価値観を担っているのか」という認識が不可欠です。このことがあってから、私も、自分の責任ということを意識して、議論に臨むようになっていきました。

ディベートにおいては、「貢献」という考えは必ずしも当てはまらないと言いましたが、**真理を探究する立場においては、「正しさ」への貢献という考え方もある**のではないでしょうか。つまり、間違った意見を持つ人を、「勧善懲悪《かんぜんちょうあく》的にやり込める」という発想ではなく、**多様な考え方や意見がある中で、「正しさ」を打ち立てる協働者として議論を戦わせる**という発想に切り替えた時、ディベートも「与える愛」のベクトル線上に置くことができるのかもしれません。

とはいえ、頭で理解していても、日本人のメンタリティとしては、「人前で発言するのはおこがましい」とか、「僭越《せんえつ》だ」といった思いが、なかなか抜け切れないとこ

Global leaders need courage, purity, and a sense of responsibility.

世界的なリーダーには、勇気、純粋さ、そして責任感が必要なのです。

大川隆法総裁英語説法 “Believe in El Cantare with Running Tears” より
（前出『実戦英語伝道入門』）

ろもありますので、ここは少しずつ自分を慣らしていくことが大切だと思います。

キリスト教徒との宗教論議でディベート力が磨かれた

イギリス人は議論好きで、使われる英語表現がハイレベルになりがちなこともあり、ロンドン時代はディベートで少し遅れをとりました。意外なことに、ハワイにいた頃、私のディベート力は磨かれたように思います。

ディベートの上達のために勇気や責任感が大

切であることを述べましたが、一方で、**議論の切り返しは一定回数以上の訓練が必要**です。私にはハワイでの説法経験がいいディベートの練習の機会になりました。

幸福の科学ハワイ支部では、日本の支部環境では想像しにくいかもしれませんが、説法の時はほぼ毎回、必然的に「白熱教室」になりました。たいていの場合、話をしている途中で参加者のだれかが手を上げ、質問やコメントをし、それに対して別の人が意見を言う。それに対して、場合によっては収拾がつかないほどに議論が盛り上がります。パターンとしては、2、3人が議論を交わし、私がファシリテーター（まとめ役）を務め、結論に持っていき、話をもとに戻して説法を続行するという流れでした。

時には、幸福の科学の教えや信仰に対して議論をふっかけられることがありました。たとえば、キリスト教のバックグラウンドを持つ人が、"The Bible makes no mention of reincarnation. The Good Lord gives us one life."（聖書には生まれ変わりのことは書かれていない。神がくださるのは一度の人生だ）と、よく議論を仕掛けてきました。これに対しては、"There are many truths. Some are mentioned in the Bible. Some are not. There is an argument that the teaching of reincarnation was possibly deleted from the Bible. Furthermore, the Bible mentions 'the Return of Elijah.' 'Return' here means reincarnation."（様々な真理があり、聖書に書かれているものもあれば、書かれてないものもある。転生輪廻の教えが聖書から削除された可能性も議論されている。さらに、聖書には「エリヤの再来」という言葉が出てくるが、「再来」とは生まれ変わりを意味している）と反論した記憶があります。

こうした宗教的なディベートを何度も繰り返した結果、ディベート力が少しずつ磨かれていきました。

ディベートにおいては、実力不足からくる情けなさも、上達する感覚も経験しましたので、ディベート力を磨こうとする学生たちの気持ちはよく理解できると思います。幸福の科学大学が開学したら、学生たちが卒業するまでに、たっぷりディベートやプレゼンの練習の機会を提供したいと思っています。授業だけでは足りないので、課外授業でも、できるだけ練習の機会を作っていきたいと思っています。

上達するには回数を積むことが大切です。形式化された競技ディベートでは、考えをまとめる時間が与えられますが、実戦的な討論においては、**相手の発言に対し、間髪《かんぱつ》を入れずに反論するシャープなレスポンス**も求められます。相手の話を遮ることなく自分の意見を差し込むタイミングや、批判や反論への切り返しなど、瞬時に判断して行う必要があります。先ほども述べたように、テニスで、頭で考えずにボールを反射的に返すことができるようになることと同じで、繰り返し訓練をすることが重要なのです。

日本と世界の進むべき道についての「正論」に裏打ちされた語学力を

ディベート力を高める上で最も大切なことは、**自分の主張が明確であること**です。そして、**その主張の根拠を論理的に組み立てること**です。

たとえば、2014年10月現在の日本国内を見渡すと、集団的自衛権、憲法改正、消費税増税、原発の再稼働、沖縄の米軍基地移転など、様々な問題が議論されています。世界を見渡せば、ウクライナの内戦、ロシアへの経済制裁、EUの経済再建、西アフリカのエボラ出血熱の大流行、中国の領土拡張問題、シリア内戦、イスラム国問題など、数えきれないほどの問題があります。ディベート力を高めるためには、それらについて、自分はどの立場をいかなる理由で支持するのかを整理しておく必要があります。

日本国内にいるとあまり感じないかもしれませんが、一歩海外に出て、論争の的になっている問題について外国の人々と議論する時、**みなさんの立場は一個人を超えて、「日本人」としてどのような主張を持っているかが問われる**のです。グローバル人材には、世界の中で、自国の国益を考慮に入れた自分の主張を明確に持ち、説得力を持ってそれを発信することが要求されるはずです。いかなる問題意識と主張を持っているかが、グローバル人材に問われる教養であるのです。

では、そのような教養は、どのようにして修得すればいいのでしょうか。学校教育からでしょうか。マスコミからでしょうか。私は、自分の海外経験から見て、**日本の社会環境は極めて特異であると感じています。**日本のマスコミは、日本の国家としての尊厳を穢《けが》し、国益を傷つける報道を積極的に行っており、学校教育も、戦前の日本が凶悪な軍事的独裁国家であったと教えています。世界を見渡しても、政府を酷評することはあっても、自国の尊厳を貶《おとし》め、愛国心を否定し、国益を害するようなマスコミはありません。また、真実を歪《ゆが》めて自国を礼讃《らいさん》する国はあっても、あえて事実を捻《ね》じ曲げて自虐的な歴史観を教える学校教育は、日本以外にはないでしょう。

　したがって、日本のマスコミや教育に、グローバル人材の教養を求めることはできません。海外の報道を理解する英語力があれば、少なくとも日本のマスコミの偏向報道に対する中和作用を期待することができます。たとえば、日本のマスコミは、日本の安全保障上の危機に関わる問題を報道しません。国民が、「日本は安全で、どこの国も日本を攻めることなどない」と思うように、報道が統制されているのです。しかし、英米のメディアにおいては、中国や北朝鮮の危険性をオブラートに包むことはありません。150年前、欧米列強のアジア進出に強い危機感を持って日本の改革を急いだ志士たちと、日本の危機的状況をまったく知らされず天下泰平を信じていた大多数の庶民の意識との乖離《かいり》状態は、いまだに続いていると言えます。

　大川隆法総裁は、数多くの書籍や法話、霊言を通し、現在の日本と世界について、極めて高次の視点から、諸問題の本質を明確にし、進むべき方向を論じておられます。世界という舞台に立つ日本人が、自らの主張の柱となる教養として求めるべきは、大川総裁の説かれる「正論」であると思います。日本人が忘れてきた日本の国益を重んじる心を呼び覚ますことができ、また、日本一国の国益のみならず、他国との関係において、双方の国益を利する道を地球的視点から説くことができるのは、大川総裁一人であろうと思います。

ディベート力の源は、信念と論理性です。グローバル人材としての日本人は、世界に向けて発信すべき主張を持つ人間であり、世界情勢を正確に把握し、日本と世界の進むべき方向を明確に描くことができる人材であると思います。**ＴＯＥＩＣ９９０点の先には、このような国の運命を背負う「正論」に裏打ちされた語学力がある**ことを知っておきたいと思います。

第4章

段階別・英語上達法①

――日常会話英語、ビジネス英語、学術英語

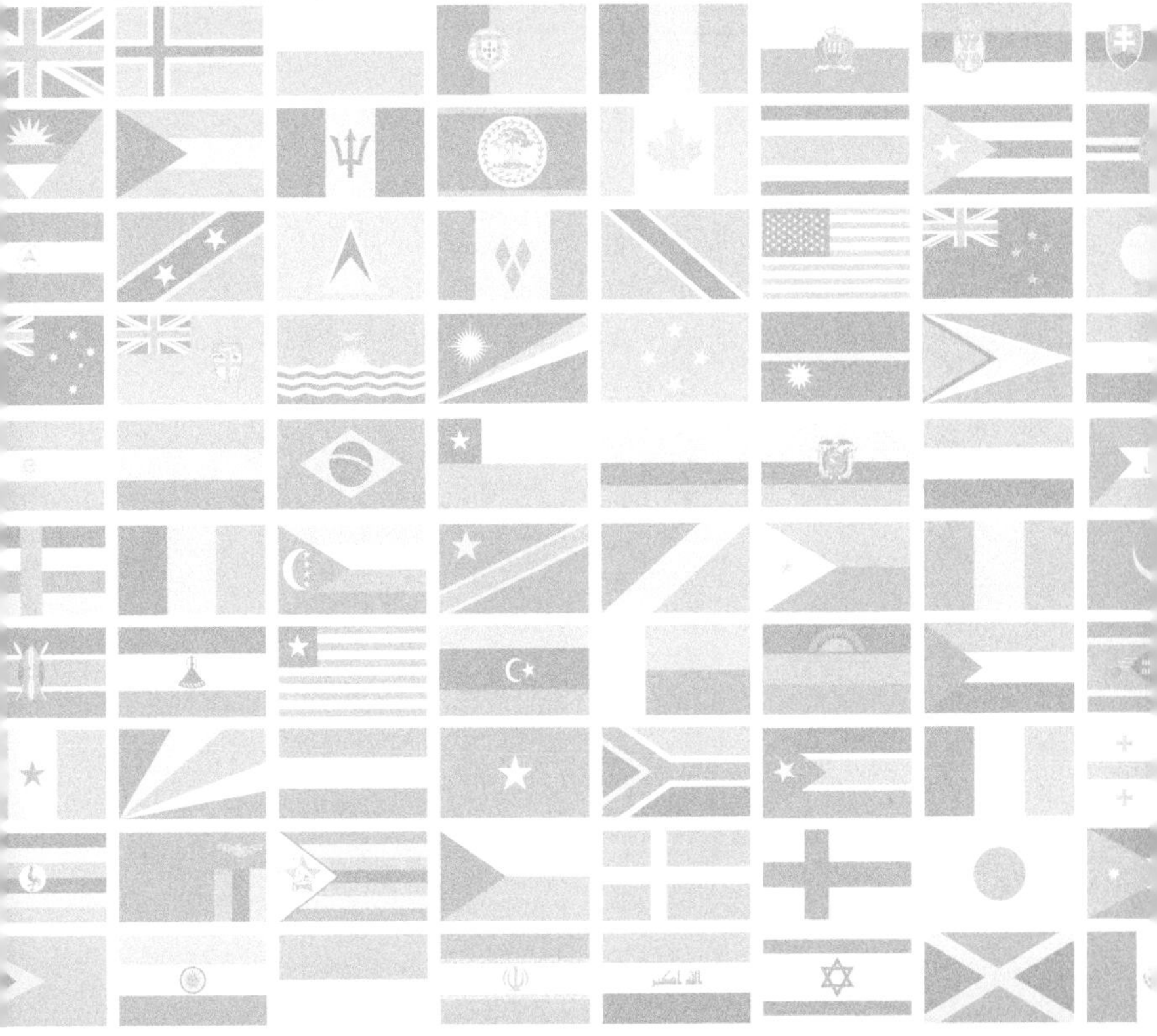

1　英語力の上達には「段階」がある

TOEIC990点レベルを超える「国際伝道師」レベルの英語力への道

英語力の上達には段階があります。基本的な順に、日常会話レベルから始まり、ビジネス英語、学術英語や専門的英語、時事英語などです。幸福の科学の信者であれば、伝道に強い関心がありますから、さらに宗教英語があります。TOEIC990点は、ビジネス英語の中くらいのレベルだと考えてください。

私は留学していた関係で、ビジネス英語より学術英語を先に学びました。しかし、学術書との格闘に多くの時間を費やしたため、幅広い教養や博識を磨くことがで

郵便はがき

料金受取人払郵便

赤坂局承認

8228

差出有効期間
平成29年11月
30日まで
(切手不要)

1 0 7 - 8 7 9 0

112

東京都港区赤坂2丁目10—14
幸福の科学出版(株)
愛読者アンケート係 行

ご購読ありがとうございました。お手数ですが、今回ご購読いただいた書籍名をご記入ください。

書籍名

フリガナ お名前	男・女	歳
ご住所 〒 都道府県		
お電話( ) —		
e-mail アドレス		
ご職業 ①会社員 ②会社役員 ③経営者 ④公務員 ⑤教員・研究者 ⑥自営業 ⑦主婦 ⑧学生 ⑨パート・アルバイト ⑩他( )		
今後、弊社の新刊案内などをお送りしてもよろしいですか? (はい・いいえ)		

愛読者プレゼント☆アンケート

ご購読ありがとうございました。今後の参考とさせていただきますので、下記の質問にお答えください。抽選で幸福の科学出版の書籍・雑誌をプレゼント致します。(発表は発送をもってかえさせていただきます)

1 本書をどのようにお知りになりましたか?

①新聞広告を見て [新聞名:　　　　　　　　　　　　　　　　　　　　　　]
②ネット広告を見て [ウェブサイト名:　　　　　　　　　　　　　　　　　　]
③書店で見て　④ネット書店で見て　⑤幸福の科学出版のウェブサイト
⑥人に勧められて　⑦幸福の科学の小冊子　⑧月刊「ザ・リバティ」
⑨月刊「アー・ユー・ハッピー?」　⑩ラジオ番組「天使のモーニングコール」
⑪その他 (　　　　　　　　　　　　　　　　　　　　　　　　　　　)

2 本書をお読みになったご感想をお書きください。

3 今後読みたいテーマなどがありましたら、お書きください。

ご感想を匿名にて広告等に掲載させていただくことがございます。ご記入いただきました個人情報については、同意なく他の目的で使用することはございません。

ご協力ありがとうございました。

きませんでした。文化人類学や社会学、哲学などは語り合うことができましたが、それ以外のところでのコミュニケーションは、あまり得意とは言えませんでした。

留学後は宗教家としての道を選びました。**宗教家には極めて高いコミュニケーション能力が求められる**ことを、過去19年間、痛感してきました。日本語であっても、人に宗教的感動を与える話をすることは決して容易ではありません。教養理解、教養、人間理解、人格力、精神統一能力など、総合的な能力が求められるのです。学問のように論理的な思考力も必要ですが、専門用語を使う難解な話は避けなければなりません。人生相談に答えるためには、人の気持ちを理解できる感受性を持ち、社会の諸事情に精通していることが求められます。

『国際伝道を志す者たちへの外国語学習のヒント』（前出）の中で、大川総裁は、「**宗教として英語で布教するということになると、ビジネス英語で要求されるレベルよりも、はるかにレベルは高くなる**」と言っておられますが、今、その意味がよくわかります。

最近、アメリカの世論調査で、教会や宗教団体が政治問題や社会問題について発言することの是非について、「発言を求める」が49%を占め、反対者数を上回りました。従来、宗教に政治問題を持ち込むことに対しては否定的な見方をする人が多く見られましたが、世情の変動とともに、人々のニーズが変化してきていることがわかります。**信仰を持つ人が、世界情勢について、「神の立場は?」という疑問を持つことは自然な流れだと思います。**宗教家であればこそ、政治・経済、国際情勢などについて、しっかりとした価値判断をし、オピニオンを発信できなければならない時代が到来していると言えます。

大川隆法総裁は過去20年以上にわたり、政治・経済に関する「神の立場」からの価値判断を行い、様々な提言をされてきました。また、「霊言《れいげん》」によって、数多くの霊人の意見を聴き、出版もされてきました。アダム・スミスは今の国際経済をどう見ているのか。ドラッカーは日本の政治をどう評価するか。ロックフェラーは経営者たちにどのようなアドバイスをするか。イエスは現在のキリスト教会を

● Pew Research Center による2014年9月22日付の調査。

どう見られているか。ムハンマドは今のイスラム教原理主義をどう見ておられるか。霊言で取り上げられるテーマは、政治・経済から、教育、科学、語学と、ありとあらゆる分野に及んでおり、時事問題に関する発言ということでいえば、幸福の科学は宗教界の先駆者であり、権威であると思います。

英語で布教を行う伝道師は、幅広い教養と高い知性を伴う英語力と、人の心を理解できる感受性を持つコミュニケーション能力が求められます。伝道師に求められる能力は、日本語においてもハードルの高いものですが、それを英語でも行うことによって、世界に開かれた啓蒙《けいもう》力と救済力を持つことができます。英語は、世界の共通語として認識されているため、**英語でのコミュニケーションは文化的な違いを超えた相互理解とオピニオン発信を可能にします**。

では、そのために要求される高い英語力を修得するには、どのようなステップを踏めばいいのでしょうか。国際伝道師にはどのような英語能力が必要なのでしょうか。その答えを見つけるために、僭越ながら、私自身の経験を振り返り、ヒントを探したいと思います。

私はロンドン留学とアメリカ赴任の16年間の海外生活を通じて英語力を磨いてきましたが、自分のこれまでの英語修行を学んできた英語の種類別に整理すると、①**日常会話英語**、②**ビジネス英語**、③**学術英語**、④**宗教英語**、⑤**大和言葉英語**、⑥**黒帯英語**の6段階の過程になると思います。この章では、最初の三つの種類についてお話ししていきます。

恥ずかしい苦労話や失敗談を語るのは、少々、気が重いところもありますが、皆さんがTOEIC990点を取るべくして取ることのできる、プロの国際人材の英語レベルに到達するための学習法として、何らかのヒントになることができれば幸いです。

2　日常会話英語

最初はひたすらネイティブ・スピーカーを真似《まね》た

留学当初の私の英語レベルは、測る基準がないので正確にはわかりませんが、TOEICで言うと700点はなかったと思います。リスニング、スピーキング共に並《なみ》の下《げ》くらい、リーディングも平均程度、ライティングは400文字程度の文章でもちゃんと書くことができないレベルでした。

ロンドンに来て、学生や先生との会話もおぼつかない感じでしたので、学校の勉強を中心におきつつ、日常会話能力を上げるために人知れずかなり格闘しました。

当時、私が努力したことは、**ネイティブ・スピーカーを真似ること**でした。できる限り、彼らが使う言葉を、彼らが言うように発話できるように努力しました。大学のカンティーンで、学生たちが話をしていることを注意して聴き、全部はわかりませんが、一つひとつの文章を覚えておいて、一人の時にぶつぶつと練習しました。

学生があいさつで、“How's it going?”とよく言っていましたので、それを真似て、寮のエレベーターでいっしょになった学生に、それらしく、“How's it going?”と言ってみました。普通なら、“Not bad.”とか“Alright.”とかの答えが返ってくるのに、“What do you mean by 'it'?”（'it'って何のこと？）と返されたので、自分が何か間違ったことを言ったのではと不安になりました。私が不慣れな留学生だったので、からかわれたのだと後でわかりました。

留学1年目は、複雑な文章は聴き取れませんから、単純な日常表現は片《かた》っ端《ぱし》から真似ていきました。相手の意見を求める時の「どう思う？」にあたる表現として、イギリスでは、“What do you reckon?”という表現がよく使われます。発音的には、「ウワォッジュゥレクン？」という感じです。

また、イギリスでは、うわさ通り天気のことをよく話題にします。学生同士でも朝、学校で会うと、"Hey, good morning. You alright?" "Yeah, alright. You? It's muggy today, isn't it?"（今日は蒸《む》すね）という感じです。ちょっと育ちのいい学生は、"Hello.（「ヘィロウ」と伸ばし気味に）How are you? You look brilliant."（調子よさそうだね）"Oh, thank you. You look smashing, too."（君も絶好調みたいだね）"It's rather muggy today, isn't it?" と言う感じになります。その他、私の耳にしょっちゅう聞こえるのは、"It's a bit chilly, isn't it?"（ちょっと冷えるね）"It's bloody freezing!"（くそ寒いな）などです。"bloody" と言う言葉は、イギリスでよく使うスウェア・ワード（不敬の言葉、ののしり言葉）ですので、あまり使わないでください。厳密には、bloody は very を意味する副詞なのですが、慣用的にはスウェア・ワードとして使われることがほとんどです。

このように、日常会話力を磨くために、ひたすらネイティブの真似をしていきましたので、不思議なことに学生仲間からは、実際の会話力よりも英語が話せるような印象を持たれるようになりました。おかげで、こちらの実力を考えないで普通に話しかけられることが増え、内心、いつも冷や汗ものでした。

できなかった発音ができるようになる「感動」

当時の私は、「言語を覚えるということは、言葉を覚えることだけではなく、そのコミュニティに溶け込んでいくことだ」と考えていました。イギリス人になるつもりはありませんでしたが、少なくとも、**現地の人々が私と一緒にいて違和感を感じないくらい英語が流暢になりたい**と思って、日々、物真似に励んでいたわけです。英語教材を頼りにフレーズを学んでは試すという勤勉な姿勢を持っていなかった私は、とにかく経験で会話を学ぼうとしていました。

自然な流れとして、発音の訓練もかなりしました。耳で聞こえる音を、どうやって発音しているのかを理解するために、**何度も聴き、「発音の秘密」を探り出す**

ように研究しました。日本人が普段使わない発音をしっかりマスターすることと、イギリス特有の発音を真似ることを主な課題としました。

日本人が苦手な発音は、RとL、THだと思われることが多いのですが、**本当に難しいのはWとNでした。**Wは、爪楊枝《つまようじ》一本入るか入らないくらい口をすぼめ、「ゥワ」とします。日本語の発音では、口をすぼめることなく、「ウア」と発音します。World なら、「ウアールド」と言っているはずです。正しくは「ゥワールド」になります。

Nは、舌が上あごに触れている必要があります。pen は、「ペンヌ」と発音されます。日本語の「ペン」は、正確には peng と言っています。舌が上あごに触れていません。“When it rains in Spain, King plays ping pong in Hong Kong.”と、NとNGと区別しながら発音してみてください。

イギリスではOの発音も特徴的で、当時は自分でも滑稽《こっけい》なくらい、よく練習しました。アメリカでは「オゥ」なのに、イギリスでは「エオゥ」みたいに聴こえます。要するに、口を大きく縦《たて》に開けずに、「オゥ」というと、それに近くなります。go, so, told, old, etc.

最近、「ズ」と発音するsとdsの音が違うことを知り、少なからずショックを受けました。sは、日本語の「ズ」に似ています。dsは、ツとズの間の音から、かすかに舌を後ろに向けスライドしながら、無音で「ス」を加える、という、まことに高度な技が隠されていたのです。発音の勉強は実に面白く、**できなかった音を発音できるようになるのは、大きな感動を伴います。**

「発音の謎解《なぞと》き」によってリスニング力が高まる

発音にこだわるのは、少しマニアックに見えるかもしれませんが、発音を訓練するとリスニング力が高まるという功徳《くどく》があります。リスニング力を上げる秘訣は、発音の〝謎解き〟です。耳を鍛えるために繰り返し音声教材を聴くことは大切ですが、発音されている言葉を聴き取れなければ、何回聴いてもわかりません。発音の謎解きをすることによって、それ以降、その音を判別できるようになり、それまで聴き取れなかった言葉がわかるようになります。

重要な語彙は、会話の中では強調するために、ゆっくり発音されることが多いのでわかりやすいのですが、その前後にある動詞や前置詞、イディオムなどは、低く速く発音されることがよくあります。たとえば、“What did you do yesterday?” の did you は、イギリスでは、「ディジュウ」と発音されますが、アメリカでは、「ジャ」とのみ発音されることがあります。「ゥワッジャドゥ、イェスタデイ?」です。

キーとなる単語は聴き出せても、前後の言葉が聴き取れないと、大まかな文脈は理解できても、場合によっては、イディオムによって反対になってしまうことがあるので要注意です。たとえば、“due to ~”(~が原因で)、と“Despite ~”(~にもかかわらず)、“Regardless of ~”(~の如何《いかん》にかかわらず) などの表現は、文章の意味をまったく違うものに変えてしまいます。

また、日本語のカタカナ英語は、英語のオリジナルの発音とかなり食い違っていることが多いので、そのまま発音しても通じません。

たとえば、ニューヨーク支部にいた時、フロリダに出張に行くことになりました。ORLANDO まで飛行機で行くのですが、空港で ORLANDO 行きの便のチェックインをしようとしたところ、通じなかったのです。日本では、ORLANDO は、「オーランド」と発音していますので、私も深く考えずに、「アイド・ライク・トゥ・フライ・トゥ・オーランド」と言っていたのですが、係員が「オーランド?」と首を傾《かし》げているのです。不安になりチケットを見せると、彼は「オゥ! オランドー!」と言ったのです。恥ずかしさで軽いめまいがしましたが、何食わぬ顔でその場をやり過ごしました。

名前によくある DAVID も、日本語では「デビッド」と表記されますが、まるで銀行カードのように聞こえます。正確には「デイヴィッド」です。

INTERNATIONALという言葉も、「インターナショナル」と表記されますが、正確には「インタナッショノル」です。ALTERNATIVEと言う言葉は「オルタネイティブ」とされることが多いようですが、正確には「オルターナティヴ」です。外来語のカタカナ表記として変形することは、やむを得ないことですが、これらの例でわかるように、**正確な発音を学ぶことで、意外に多くの誤解があることに気づく**のです。

発音とリスニングの「修行」は一生続けるべきもの

聴き取りの訓練は、できれば、重要語句の聴き取りとその前後の語句の聴き取りの両方の訓練をするのがいいと思います。前後の語句を聴き取る時は、発音の謎を解明しながら、その不明瞭な発音に慣れていることが大切です。この訓練は、目に見えて成果が上がります。別の文章を聴く時に、同じ語句を聴き逃すことがないので、それを実感するはずです。もし、発音の仕組みがどうしてもわからなければ、ネイティブ・スピーカーか英語上級者に助けてもらうのがいいでしょう。

ＴＯＥＩＣの聴き取り問題の理解力は、こういうマイナーな語句の理解によって左右されることもありますので、**ハイスコアを目指す場合は、発音の謎解きを兼ねた聴き取りの訓練をすると有効**です。

ロンドンでは、授業のテープ起こしが、否応《いやおう》なく、私の発音の謎解きと聴き取りの訓練になりました。ノートが取れないと授業についていけませんから、授業のあった日は、最初の頃は90分の授業のテープ起こしに5時間くらいかかりました。次第にノートテイキングの精度も上がり、テープに頼る割合が減っていき、最後はやらなくなりました。当時は、苦しみも多い修行時代ではありましたが、今思えば、少なからず上達の喜びもあったと思います。

現在は、通勤等で地下鉄に乗る時間を利用して、第2章でご紹介した「黒帯英語」のＣＤを聴きながら、時事英語の聴解力アップに努めています。教材に文字が表記されているので、発音と文字の対応が一目でわかり、謎解きがしやすいところが大変便利です。**発音の修行、リスニングの修行に完成はありません。一生を通じて続けるべきものだと考えています。**

話が日常会話英語からリスニングに変わってしまいましたが、ロンドンにいた頃の私の日常会話英語の習得法は、「耳で聴いて真似る」でしたので、この二つは切り離せないものでした。今は教材も豊富で、テキストから学べることが多いですから、基本的なことはそこから学び、実際に使ってみて身に付けていくのがいいと思います。そして、現地の感覚の英語については、Listen and Copy が有効です。

3　ビジネス英語

日常的なビジネス英語はＴＯＥＩＣに対応しているレベル

アメリカに赴任した9年間は、日常的な業務の中で英語を使いましたので、必然的にビジネス英語を覚えたところが大きいと思います。電話の掛け方、アポイントメントの取り方、Ｅメールのやり取り、正式なビジネスレターなど、「習うより慣れる」かたちで習得していきました。そして、これらは、私の感覚では、ＴＯＥＩＣの英語レベルに対応しています。

契約交渉やプレゼン、ミーティングのファシリテーションなどの、比較的高度なビジネススキルは、本格的な経験はありませんでしたが、業者との交渉、支部活動の主要メンバーへの方針説明、ミーティングの進行などで、草野球的な我流のたたき上げで、ある程度のスキルを身に付けることができたと思います。

それでも、当初は電話のやり取りでも、結構苦労した記憶があります。たとえば、「外線○○番をお願いします」というのに、"Could you put me through to extension ○○, please?" などと言いますが、私は、初め "Could you connect me to extension ○○?" と言っていました。文法的には間違いではありませんが、電話での決まり文句としては "put me through" が使われるということに気づいたのは、しばらくしてからでした。

日本語でも、「外線○○をお願いできますか」という代わりに「外線○○に接続していただけますか」と言うと、文法的に間違いではありませんが、少し変な感じがしますね。**特にイギリスやアメリカでは、性的なことを表す間接表現が非常に多い**ので、日本人が考えすぎだと思いたくなるくらい、何かとそちらに向かう解釈がちらつくようで、電話の相手が異性の場合に "connect" は黄色信号で、ふくみ笑いを誘うことになります。

ビジネスコミュニケーションには、ネットワーキング（人間関係づくり）のためのスモールトーク（雑談）や、交渉術、プレゼン、ミーティング、レター作成、リーダーシップスキルとしてモチベーションなど多岐に渡りますが、私は正規にスキルを学習したわけではなく、プレゼンは説法スキルから、**ミーティングは先ほどお話しした「貢献」という考え方から、交渉は「貢献」と「責任」の考え方を応用して、**自分なりにやり方を考えたものでした。交渉で「貢献」が大切な理由は、いかなる交渉であっても、Win-Win であるべきだと思うからです。またディベートと同様、交渉では組織への「責任」がありますから、譲《ゆず》れない一線を信念として掲げる必要があります。

交渉における意思決定方法の違い

日本人が海外で何らかの交渉を行う時によく経験することが、**意思決定方法の**

違いです。欧米では、多くの場合、担当者に一定限度までの自由裁量が与えられているので、想定の範囲内であれば独自の判断で決裁できる形になっていますが、日本の場合は、念には念を入れて、小さな決定事項でも本社の確認と承認が求められます。

交渉のプロセスにおいては、「この条件ならどうか」というやり取りについて、新たな数字が提示される度に本社に確認を入れるので、非常に時間がかかります。アメリカのようにスピード重視の社会では、日本的な意思決定がじれったく感じるわけです。それについて文句を言うと契約が流れますから、さすがに先方は口には出しませんが、競合相手がいる場合は、意思決定の速いほうが優先されます。

これは英語の問題というより、**異文化間コミュニケーションに関わる問題**です。ビジネス関係においては、相手が理解できないということは大きな障害になり、誤解や衝突の種になります。大切なことは、自社の意思決定プロセスについて事前に簡単に説明し、少し時間はかかるが、本社が了承するため交渉結果に信頼性が高いことなどをしっかりアピールしておくことです。先方にとってマイナス要因に見えることが、Win-Win につながるプラス要因であることを伝えておくことができれば、交渉は齟齬《そご》なくスムースに進めることができます。

国際ビジネスマンには「教養」が必要

私の体験から言えば、ビジネス英語やスキルを経験的に学ぶ方法は、時間がかかるうえ、粗削《あらけず》りになります。やはり、体系的に考え方やスキルを学んでおくことができればいいだろうと思います。

現在、幸福の科学大学の英語科目の準備を進める中で、ビジネス英語の既存のテキストを数多く集めて吟味《ぎんみ》していますが、どれもよくできていて、「そうだったのか」と目からうろこが落ちるようなものもあります。たとえば交渉術については、どういう内容のことを、どういう段取りで話すのかなど、知っているようで知ら

「中身のあることを語る」ということが、どれほど大事かということです。基本的に当会の教義を学ぶということは非常に大事ではありますが、それに付随して、いろいろなことについての知識を豊富にしていくことが極めて大事なのです。

（前出『国際伝道を志す者への外国語学習のヒント』）

なかったことが多々あり、勉強になっています。

ビジネス英語を総合的に考えると、ＴＯＥＩＣというのは、**海外で仕事をするために最低限度必要な英語力を確認するためのもの**であろうと思います。これを聞くと、「最低限度」のハードルが高すぎると思う方もおられるかもしれません。

しかし、国際的なビジネスに関わる以上、直接関係している人々との基本的なコミュニケーションの仕方を知っているだけでは不十分で、世界の政治・経済の情勢を知り、大局的に物事を判断する教養も必要になります。これについては、後述の「黒帯英語」の節に譲りますが、一般的にビジネス英語は、スキル偏重の傾向がありますので、

国際ビジネスマンに求められる「教養」の教育も強化していく必要性があると思います。幸福の科学大学で学ぶ学生たちが、中身のある実用レベルのビジネス英語を効率よく修得できるように、効果的な教授法を考案していくつもりです。

4 学術英語

論文を書くためのルールや基本スキルを学ぶ

学術英語（Academic English）は、主に論文を書くための英語力です。自分の主張を論理的に説明し、説得するために不可欠なスキルです。これは学術目的だけでなく、ビジネスでのプレゼンや契約交渉、ディベートに応用される技術ですので、できれば英語を学ぶ人は習得することをお勧めします。

学術英語にはいくつかルールがありますが、一つ例を挙げると、**主張が自分の独断でないことを示すために、主語に“I”をあまり使いません**。もちろん、フィールド調査での自分の経験を説明する場合などは別ですが、**基本は、“It”を主語として文章を構築**します。たとえば、“I think that～”と言う代わりに、“It appears that～”や“It can be said that～”などの表現が使われます。

学術論文自体が、説得力を高めることに特化したコミュニケーション方法ですので、表現の正確さ、主張の明確さ、根拠の論理的妥当性、整合性などが問われます。そしてその目的のための英語表現スキルが学術英語です。

エッセイ・ライティング（論文の書き方）の基本として学ぶことは、まず文章の構成です。トピック・センテンスによって主題を明確にすること。次に主題を文章で説明し、最後に結論を述べます。途中、自分の主張をサポートするデータや具体例、引用を入れます。

さらに、議論の進め方として、**論理的な思考方法に基づいて、漏《も》れのない論点**

の構築を行い、論争のある問題については、対立する主張の長所と短所を比較分析し、代替案の有無を検討し、自分独自の主張を結論づけていきます。

ロンドン大学の基礎コースでは、このような学術論文作成の基本を学び、英語で論文を書く訓練をしました。文字数の指定があり、800文字の場合や1500文字の場合があります。大学院では、通常の課題では3000文字程度が標準で、修士論文は10000〜15000文字程度で指定されていたと記憶しています。

留学当初は400文字の英文を書けなかったわけですから、800文字の論文を書くのは、泳ぎの苦手な人が、いきなり1キロの遠泳をするようなもので、心許《もと》ないものがありましたが、"It's just a matter of doing." で、やってみれば、できるようになるものです。私たちの日常生活には、通常長い文章を論述する機会はほとんどありません。文章は、**基本スキルを学べば書いた分だけ上達します。**

論文課題は高い頻度で出されるので、繰り返し取り組むうちに、論の展開の仕方、適した英語表現が、少しずつわかり始め、半年後には1500文字程度の論文は苦でなくなっていました。その1年半後には10000文字以上の修士論文を英語で書けるようになったのですから、訓練の功徳は確かだと思います。

専門分野のボキャブラリーとアカデミックな「REGISTER」

学術英語と言っても、学問の各分野には異なる専門的語彙や言い回しがあるので、共通的なスキルはあくまでも基本です。本当の意味でアカデミックな英語力を養うには、専攻分野に取り組む必要があります。

最大の難関は、ボキャブラリーでした。難しい言葉が頻出するので、いちいち辞書を引いていると時間がどれだけあっても足りません。多くの専門用語は辞書で調べてもわかりません。これればかりは、論文を読み込んで、文脈から意味を推理していくしかありません。

専門書の和訳が出版されている場合は、抽象的な概念を日本語で理解するうえで、とても便利です。日本に一時帰国した時は大型書店に入《い》りびたって本を買い漁《あさ》りましたが、何もかも和訳されているわけではありませんし、いつもはロンドンにいるので、**多くの場合は文脈から意味を推理する努力が必要でした。**面白いことに、よく「日本語以上に英語は上達しない」と言われますが、英語で専門用語を覚えていくと、日本語には訳せなくても意味がわかるということがあり、その部分は日本語を超えて言語能力が伸びたといえるのかもしれません。

『大学生からの超高速回転学習法』（A）の中で、大川総裁は**「読み続けるうちに、『文脈推理法』によって、似たようなシチュエーションで繰り返し使われる言葉や用語は、『だいたい、こういう意味以外にはありえない』ということが分かってくるようになります」**と述べておられます。これは、日本語

『大学生からの超高速回転学習法』
大川隆法著
幸福の科学出版刊

の意味がわからない英語の語彙の場合にも当てはまると思います。

また、専門用語でなくても、学術英語特有の語彙選択があります。第3章でREGISTERについて述べましたが、**アカデミックなREGISTERに適した語彙を使う必要**があります。つまり、お硬《かた》い表現をするわけです。たとえば、dogという代わりに、canineと言ったり、so manyという代わりに、tremendous amount of ~と言ったりします。dogとかso manyと言ってはいけないわけではないのですが、学術英語では、とにかくお硬い語彙を使うことが好まれるわけです。

テレビで見た映画「アイ・アム・レジェンド」の中で、ウィル・スミス演じるところのネヴィル博士が研究レポートを録音するシーンがあります。その時の彼の言葉が、次のようなものでした。

An infected male exposed himself to sunlight today. Now, it's possible decreased brain function, or the growing scarcity of food is causing them to ignore their basic survival instincts. Social de-evolution appears complete.

Typical human behavior is now entirely absent.
（本日、男性感染者一名、日光に自身を露出。脳機能の低下か深刻化する食料不足が原因で、基本的生存本能が機能しなかった可能性がある。社会的退化が完了した様子。典型的な人間的行動は完全に欠如している。）

これは、ゾンビのような化け物が、博士を追いかけて、勢いあまって日光のもとに出てしまい死んでしまったシーンについてのものです。これを日常言語風に言うとこうなります。

A zombie-like man went out into the sunlight. Maybe he was deluded and starving so he forgot he would be burned to death by the bright sunshine. I am sure he was no longer human.
（ゾンビみたいな男が日光の下に出てしまった。脳がダメになったか、飢えが強すぎて、日光を浴びたら死ぬことも忘れてしまったのかも。もう完全に人間ではなくなっている。）

硬い語彙選択の感覚が、よく、うかがえるのではないでしょうか。

留学時代は、数多くの論文を読むことで、学術的な語彙や表現を見よう見まねで拾い集めていきました。大川隆法総裁が作られた英語教材に『留学のための英単語集』（B）がありますが、見覚えのあるアカデミックな語彙が贅沢《ぜいたく》に紹介されていて、それを見た時、「留学当時に、こういう教材があったら、どれだけよかっただろうか」と思いました。

同じ単語を他の文章で繰り返し目にする「RECYCLE」

語彙を覚えるうえで重要な概念として、「RECYCLE」という言葉があります。リサイクルというと資源再利用を意味すると思われるかもしれませんが、ここでいうRECYCLEとは、語彙を様々な文脈で目にすることです。一つの文章で見た**単語を、別の文章で見る経験を何度か繰り返すと、その単語は記憶に定着します。**

もちろん、長い間、見ないと忘れてしまいます。高い頻度で出合う言葉は、常に記憶の引き出しにスタンバイしていますので、瞬時に理解することができます。

たとえば、毎日、英字新聞を読んでいる人が、"Standoff in the S. China Sea"や"Japan allots $116 billion to resuscitate its economy"という見出しを読めば、「南シナ海の中国とフィリピンのにらみ合いのことだな」「日本が景気対策に財政出動するんだな」と、すぐにわかりますが、新聞英語に慣れていないと、「standoff？何？」「resuscitateって何だっけ？『黒帯英語』で見たような……」という感じで、すんなり理解することができません。いつも読んでいるからこそ、常に記憶を引き出せる状態を保つことができるのです。

このRECYCLEの考え方に基づけば、**多くの文章を読むことが語彙を覚える効果的な方法**と言えます。アカデミックな英語を大量に読むのは、さすがに骨が折れます。私も大学院生の頃は、毎日うんざりするくらい学術書や学術論文を読んでいました。大学という制度の中で、授業や論文に追いこまれたことで、火事場の馬鹿力的なところもあったのかもしれません。

知らないボキャブラリーが多いと、読むのに時間がかかりますし、抽象的な概念だと意味を解明するのに一苦労です。一人で格闘すると限界があるので、クラスの仲間に言葉の意味を聞いてみました。ところが大抵の場合、彼らも意味がわからなかったのです。そこで、例のごとくカンティーンのまずい紅茶を片手に、「ああでもない、こうでもない」と、探偵よろしく、一緒に議論するわけです。今思えば、とても楽しいひと時でした。これは自分の英語力の問題ではなく、学問的な理解力の問題だったので、彼らと同じ土俵に立っていたことを知り、少しうれしくもあり、安心する瞬間でもありました。

とはいえ、やはり基本は、自分ひとりで大量の文章を読み込む孤独な努力の連続でした。土日も朝から晩まで文章に向かっていると、人生が暗く感じてきます。ロンドンはいつも曇《くも》り空ですが、勉強に追われる私の心も曇り空でした。友人からは「人生を楽しんでいない」とよく言われました。ネイティブの彼らと私とでは読む速さが違うので、これはやむを得ないことですが、恨《うら》めしい気持ちもありました。

ロンドンは、そういう意味では勉強に向いているのかもしれません。あまりに天気がいいと、部屋にこもって学術誌とにらめっこする気にはならなかったかもしれません。今思うと、よくあんな毎日に耐えられたものだと思いますが、20代の私を育ててくれたのもロンドンですし、妻の摩耶と出会ったのもロンドンですので、孤独に耐えて勉強に打ち込んだ自分と周囲の人々に対する誇らしく懐かしい感覚も同時にあります。

上級レベルに達したら、ぜひ「学術英語」に挑戦を

そうした苦労の多かった学術英語の修行でしたが、難解な文章を読む力や、論文を書く力を養うことができ、後に大きな財産になったと思います。英語を学ぶ人は、**上級レベルに達したら、ぜひ学術英語に挑戦していただきたいと思います。**

ＴＯＥＩＣ９９０点以上の英語では、学術英語は必須となりますので、いずれは学ぶものとして心の準備をしておくとよいと思います。実力が足りないのに無理して読むと英語が嫌いになってしまいますので、中級レベル以下の方には、お勧めできません。

もちろん、アカデミックな思考やスキルを学ぶことは、日本語においても、考えをまとめたり、上手に主張できるために非常に有効ですから、**日本語で少し背伸びをして、学術的な文章を読む訓練をすることが大切**だと思います。大学で十分な訓練ができるといいのですが、現実の大学生活でしっかり勉強してきた人は少ないと思いますので、思い立った今から始めるのがいいと思います。

幸福の科学の信者は、大川総裁の法話や著書で、かなり高度な内容の教えを学んでいますから、それほど大きな跳躍なしで進んでいけるはずです。実際に、すでに信者の多くが、哲学や経営学などの専門書も読んでいますので、学術的な日本語能力を磨くことにおいては、いいポジションにあるのではないかと思います。

何を読むかですが、『黒帯英語初段⑤』に、ハーバード大学のマイケル・サンデル教授の著書 *JUSTICE*（邦題『これからの「正義」の話をしよう』）の英文解釈や他の哲学者の英語フレーズの抜粋があります。また、『黒帯英語への道③』には、F・A・ハイエクの *The Road to Serfdom*（『隷属《れいぞく》への道』）の英文解釈がありま す。原書を一冊読むのは重いですが、これらは重要な箇所が抜粋されていますので、とてもわかりやすいです。ここから始めて、これらの原書や自分が興味を感じる分野の原書に挑戦してみるといいと思います。全部を読む必要はありません。慣れていくことが大切なのです。

このように学術英語は、リーディングによって語彙を増やし、ライティングによって論理的思考力と説得力を磨きます。**論文が書けると、スピーキングや議論も上達します**。学術英語は短期間で修得できるものではありませんので、数年越しで、根気よく、少しずつ磨き上げていく方向で進めていくべきものです。修得には大きな努力を要しますが、身に付いた語彙力や論理的思考力は、知的レベルの高いコミュニケーションにおいて幅広く役に立ちます。自分の主張を発信する時やディベートの時など、アカデミックな英語力は大変強い味方になりますので、**国際社会で通用する英語へとアップグレードするために必ず通過すべきゲートウエイ**だと思います。

幸福の科学大学では、2年次より、English for Academic Purposesが選択科目に予定されています。ここでは、今述べたような学術英語の基礎を丁寧に学びます。学生たちが将来、国際社会で自らの信ずる理念を力強く発信し、議論で意見を戦わせていくための基礎力を身に付ける機会となるはずです。

第5章

段階別・英語上達法②

──「宗教英語」と「大和《やまと》言葉英語」

1　宗教英語――言霊《ことだま》の力と説法スキル

自分の「悟り」を英語で伝える力

私は宗教家ですので、職業上、宗教英語は必要となります。では、宗教英語とは何でしょうか。

宗教的なコミュニケーションは、学術的なコミュニケーションとは明らかに異なります。説法も、教えを上手に説明し、聞き手を説得することを目的としますので、論理的に話ができることは大切です。しかし、学術的な議論と異なり、**宗教的なスピーチにおいては、必ずしも、論理性が説得力の条件ではありません。信仰とは論理を超えたものですので、信仰や教義について人が納得するプロセスは、往々**

にして感性的なものです。目に見えない世界の真実や心の内面に穿《うが》ち入る内省的な話をする時、人の心を動かすのは、論理性と整合性ではなく、**詩的とも言える表現によって、感動を与える言葉の力**です。

これは「言霊《ことだま》」とも言われますが、確信に裏付けられた深い理解が持つ言葉の力であり、霊天上界から降りる光を宿した言葉の力であり、相手の心に目を向けた愛念と利他の願いが込められた言葉の力です。人の心を動かせる言葉を発するためには、宗教的な修行を重ねて、悟りを高めることが求められます。したがって、一義的には、**宗教英語とは、自分の悟りを英語で伝える力である**と言えます。

悟りは英語力以前の問題ではありますが、自分の悟りを英語で表現できるためには、対応する英語表現を知識的に学んでおく必要はあります。なので、私も、幸福の科学の教義を英語で正しく表現できるように、英訳経典（大川総裁の書籍の英訳）を読み、言葉や表現を丁寧に学びました。後年、日本に帰国した後、大川総裁より『宗教英語表現集』や『英文要点読解』（いずれもB）をいただきましたが、英訳経典の重要論点が集められており、それを読めば、使うべき表現がすぐに引き出せるようになっているので、またもや「こんなのが、当時あったらなあ」と思いました。

大川総裁の初の海外英語説法を目の前で聴いた衝撃

２００７年11月、大川隆法総裁が、海外における初の公式英語説法として、ハワイで「Be Positive」（積極的であれ）と題し、幸福の科学の歴史において極めて重要な説法をされました。

まことに幸いなことに、私は当時ハワイ支部の支部長でしたので、司会者として、この説法を目の前で拝聴することができました。魂《たましい》を震わせる強烈な言霊が次々と発せられ、その時の衝撃は今でも忘れられません。

"I came here, on Earth, to love everybody."
"I forgive you all."
"More than one thousand times, forgive him or her."
"You are not sinners."
"Be brave. Be positive in your life."
"If you want to be an angel, do, act and save."

(すべての人々を愛するために、この地上に降りたのです)
(私はすべての人を許します)
(千度《せんたび》よりもっと多く、夫や妻を許してください)
(あなた方は「罪の子」ではありません)
(勇敢でありなさい。人生に対し積極的でありなさい)
(天使になろうと思うのであれば、実践し、行動し、人々を救ってください)

「Be Positive」の圧倒的な言霊のパワーを経験した時、**英語で発することのできる言霊の究極の姿を見た**と思いました。それ以降、宗教英語に対する見方が変わりました。それまでは、英訳経典から教義の英語表現を学んできましたが、英語で教えが説かれたことで、純粋な言霊が込められた英語を学ぶことができるようになりました。「Be Positive」以降、大川総裁は数多くの説法を英語で説かれています。海外での英語説法は、ハワイを皮切りに、２０１２年までの5年間で五大陸にまたがる国々で説かれ、数多くの人々がその言霊を魂で感じました。

大川総裁の英語説法の言霊を自分に流し込むことで、純度の高い宗教英語を磨くことができると思います。『実戦英語伝道入門』（前出）には、英語説法の珠玉の言霊が集められています。これは、国際伝道師として学べる最高級の宗教英語です。ここに、宗教英語学習の新たなステージがあると思います。

キリスト教会の牧師の説法に、英語での説法スキルを学ぶ

一方、宗教家として宗教英語をマスターするためには、スキル的な上達も大切な課題です。宗教にはビジネスにはない、特有のボキャブラリーや表現があります。キリスト教、仏教、イスラム教など、各宗教の宗教家は、独自の表現を駆使して伝道活動を行います。

アメリカの福音派系教会の牧師は、説法力を磨き、教会をメガ・チャーチ、ギガ・チャーチに発展させています。成功している牧師の説法を聞くと、言霊の力も感じますが、加えて**伝統に練り上げられた説法スキルの実力**を感じました。彼らはネイティブ・スピーカーですから、英語の表現力は、私とは雲泥の差があるのは言うまでもありませんが、その発する言葉のキレやウィットには目を見張るものがありました。

私は、ハワイ支部に支部長として赴任してから2、3年の間は、自分の英語説

法の実力の低さに悩んでいました。ハワイでは、おそらくアメリカではどの街でもそうでしょうが、キリスト教の伝道が盛んであり、テレビの宗教チャンネルで様々な牧師の説法が放送されていることもあり、人々は一般的に、説法に対して耳が肥えています。下手な説法には、露骨に退屈な表情を見せます。途中で退席することも稀ではありません。上手な説法と評価されるためには、よほど上手でなければなりません。その中で、自分の下手な説法は我ながら嫌気《いやけ》がさすほどで、上達のヒントを求めて、キリスト教会の牧師の説法を聴いてみようと思いました。

ハワイでは、ニューホープ・チャーチが大きな勢力を持っており、道を歩けばニューホープの信者に当たるというくらい人気がありました。同教会の設立者のウェイン・コーディーロ牧師の説法は、笑いあり、涙あり、感動ありで、礼拝に来る者を必ず満足させる、カリスマ的なものでした。

もちろん、幸福の科学の教えを学ぶ者にとっては、その説法の内容は少なからず稚拙《ちせつ》に感ぜずにはいられないものでしたが、ウェイン牧師の言霊の力は、同じ宗教家としてはとても参考になるものでした。それは技術論だけで語れるものではなく、彼の宗教家としての悟りと確信が込められていたと思います。

初めてウェイン牧師の説法を聞いた時は、キリスト教会の説法スキルのレベルの高さに気後《きおく》れさえ感じました。ハリウッドの役者の演技と高校の演劇部の生徒の演技を比べるように、**プロとアマの差を感じさせられました。**

ジョエル・オスティーン牧師の説法スキルの秘密

その時より、自らの説法をプロのレベルに高めようと決意し、努力を始めました。**悟りと確信は宗教的修行で高めるべきものですが、説法のスキルは研究と訓練によって高めることができます。**私は一生懸命、彼らの説法を研究しました。

日曜日の夜12時に、宗教チャンネルで、テキサスのレイクウッド・チャーチを主催するジョエル・オスティーンという牧師の説法が放送されていました。今でこそ、彼はアメリカを代表する有名牧師でありベストセラー作家でもありますが、当時はまだそこまで有名ではありませんでした。

レイクウッド・チャーチは、ジョエル牧師の父親が始め、ジョエルの代で、毎週2万人から3万人が集う巨大チャーチに発展しました。教会の発展の理由は、ジョエル牧師の説法とテレビ放送でした。ニューホープ・チャーチのウェイン牧師の説法は、初めはすごいものと思えましたが、ジョエル牧師の説法に比べると、感性的で非常にシンプルなものに思えました。ジョエル牧師の説法は、よく練り込まれていると思いますが、同業者から見て一目で、彼が大変な努力家であり、創意工夫と努力によって自分の説法力を高めていった形跡を感じました。**努力によって得られた能力ならば、学びとることができるはずです。**

それから、私は毎週、ジョエル牧師の説法を聴き、研究することにしました。彼が舞台を右から左へと大きく動いて、会場の隅々まで目を向けて語りかける姿を観察し、また、彼がどのように説法を組み立てているか、注意して聴きました。

この時に気づいたことがいくつかありました。

第一に、彼は、大川総裁と同様、**決して難しい言葉を使わず、日本語でいうところの「大和言葉《やまとことば》」、すなわちアメリカで使われている平易な言葉づかいに徹していること**。

第二に、**論点は常に一つだけ**。

第三に、30分の持ち時間の中での**説法の組み立てに一定のパターンがあったこと**でした。

説法の組み立てパターンは、こういうものでした。10分ごとにパートが3区分されており、最初の10分間で、説法の結論をまず述べ、それが人生の課題を乗り越える大切な答えであることを、聖書の引用を含めつつ教義的に説明します。そして事例を語り、結論に戻ります。これで10分。次に、信者の事例を中心に、信仰の奇跡や幸福体験を感動的に語り、聖書の引用を含めつつ、結論に戻る。これで20分。さらに、自分の論点に反論を唱える信者の声を取り上げ、それに対して、聖書の引用や自分の体験談を語り、反論を上手に論破し、自分の結論の正しさを強調。最後に、結論を復習し、信仰ある者には人生に希望があることを述べて終了。おおむね、このようなパターンでした。

説法のメッセージは、ポジティブ・シンキングが中心で、「信じる限り、神は必ずいい結果に導いてくださる」という内容を、名を変え、形を変え、説いていました。

映画やセミナーの英語からも、いい表現をメモして説法に取り入れた

レイクウッド・チャーチや他の教会の説法に比べると、幸福の科学の教えは、高さ、広さ、深さにおいて異次元的に抜き出ていますが、それゆえに、一度の説法で伝えることが多くなりがちです。大川隆法総裁のように、圧倒的な悟り、見識、言霊を持って、新たな法を創出される方ならまだしも、法を広める立場にある弟子の

説法は、説かれた法を、いかにわかりやすく説得的に伝えるかに使命があります。

そこで、私も日曜の説法では、ジョエル牧師にならい、論点を一つに絞り、パイの生地を折り重ねるように、事例や自分の経験を交えて話をするスタイルに変えていきました。ジェスチャーから始まり、口調や顔の表情、使える表現、説法の構成など、学べるものは学び、取り入れていきました。それによって、説法の内容がより伝わりやすくなり、**その日の説法の中心論点がしっかりと聞き手の心に刻まれるようになると、ハワイ支部の礼拝参加者の満足度が高まっていきました。**

キリスト教会の説法だけでなく、映画からも表現を学びましたし、自己啓発セミナーにも参加し、講師がどう表現しているかを学びました。**いいと思った表現はメモし、自分の説法に取り入れました。**

たとえば、"welling up from within"（内から湧《わ》き上がる）は、インスピレーションや感情のことを語る時に重宝する表現です。"touch one's heart" や "reach one's heart"（心に響く）は、「感動させる」ということを意味するときにぴったりでした。“give with no thought of reward”（見返りを求めずに与える）は、それまでよく使っていた“give love without expecting anything in return”という表現よりシンプルできれいです。“make a mental note”という表現はセミナー講師がよく使いますが、“Please remember this.”とか、“Keep this in mind.”と言うよりも“Please make a mental note.”と言うほうが、現地の人々にはしっくりくるようです。

このようにして、ハワイにいた頃は、英語での説法力を高めることに苦心しました。英語表現のみならず、プレゼンスキルや、カウンセリングやコーチング、ネット・マーケティングなど、いろんなものを学び、「伝える」ためのスキルアップの糧《かて》としました。

以上が私の宗教英語の修行経験です。今も継続中ですので、頂《いただき》は高く、道は長いですが、ライフワークとして学び続けていきたいと思います。

2　大和言葉英語

聞き手を中心に考え、相手に「わかる言葉」で説法する

英語に関して、日本語に使う「大和言葉」という表現を用いるのは不思議に思われるかもしれませんが、大川総裁は初期の講演会で次のように述べておられます。

「むずかしい言葉を使わないでも、心に響く英文というものはあります。たとえば、オスカー・ワイルドという方が書いた英文などを読んでいると、ひじょうに平易な言葉で書いている。私たちが簡単に読めるぐらいの、数百語ぐらいのレベルで書いた英文であっても、心にくい入ってくる内容がある。

何がそれをそうさせているのか。日本語で書いてなくても、英語で書いてあ

っても心にくい入ることが書いてある。それは英語の『やまとことば』で書いてあるからであります。長年の間、アングロサクソン人たちの間で、日本人にとっての『やまとことば』と同様に使われてきたことば、それをつづって書いている。その部分が、異国人が読んでも、外国人が読んでも胸に響くことばとなってきているのだろうと思います。」(『悟りの原理』A)。

説法を聴く人々の多くは、決して高度な教育を受けている人ばかりではありません。自分の説法を振り返り、昔は、なんだか硬《かた》い言葉をよく使っていたように思います。学術的な表現に慣れていた私には、そのほうが話しやすかったですし、今思えば、**馬鹿にされたくないので見栄を張っていた**のだと思います。

しかし、説法が下手ということもありましたが、自分の言葉が通じておらず、空回りしていることに気づきました。前著『夫婦でTOEIC990点満点対談』でも少し語りましたが、現在、ハワイ支部の支部長をしているアルフレード・グランディソン氏が、当時、私の言葉が堅苦《かたくる》しいと指摘してくれたのです。彼とは、互いに心を割って話をする間柄で、私にとってはかけがえのない親友です。

私が説法で、"altruism"（利他）という言葉を使った時、アルフレードが後で私に歩み寄り、「ショーン、"altruism"なんていう言葉は、ここではだれも使わないよ。ハワイでそんな言葉を使うのを聞いたのは、ショーン、君が二人目だ。聞いていると、ショーンの言葉は堅苦しくていけない。**ほとんどの人は、普通の人なんだよ。彼らにわかる言葉で話したほうがいいと思うぞ**」と、正確な言葉は覚えていませんが、超訳的に表すと、こんなことを言ってくれたのです。

その時、はっとしました。アルフレードが私に伝えたことは、とても重要なことでした。説法とは、**自分の伝えたいこと、言いたいことを話せばいいのではなく、聞き手を中心に考えて、「大和言葉」で話をしなくてはならないということでした。**どれだけ情熱を込めて話をしても、相手に伝わらなければ、意味がありません。話が伝わるためには、聞き手の言葉、聞き手の生活感覚、聞き手の教養レベルなどに、自分が合わせなくてはならないのです。

ひとりよがりの説法をする時、その心には、聞き手のことが見えていませんし、彼らの存在は心の中にもありません。**聞き手を中心に考えることで、何もかもが変わります**。先ほど、「貢献」という考え方が説法を変えたという話をしましたが、いい説法をするには「顧客主義」が必須なのです。聞き手の気持ちを理解することに加えて、日常的な言語感覚とその地域のローカル感覚を意識して「大和言葉」を使うことで、相手の立場に立った説法になると思うのです。

現地の日常語を使うことで、愛情やリスペクトの共有感が生まれる

それ以来、私は自分の姿勢を改め、「大和言葉」で話をしようと決意したのはいいのですが、いざとなると、これが意外に難しいと思いました。どういう言葉や表現が大和言葉なのかを感覚的につかめていなかったのです。私は、当時はイギ

リス英語訛《なま》りがありましたし、おそらく、私が使う表現も彼らには馴染みのないものだったはずです。ハワイの「大和言葉」となると、ハワイの独特な英語とアメリカの日常表現の二種類を知る必要があります。そこで、あらゆる機会をとらえて、これらを学ぶようにしました。

人と接する時は、彼らの使うハワイ風の表現に注意を払うようにしました。ハワイでは、ハワイ訛りの発音に加え、英語にところどころハワイ語が入ってきます。たとえば、ハワイの言葉に、「家族」を意味する「オハナ」があります。支部のサンガ（僧団＝職員と在家信者を含めた信仰の仲間）を「ファミリー」というより、「オハナ」というほうが、ハワイの人々にはしっくりと心に響きます。ハワイに住む住人のことを「ローカル」とは言わず、「ロコ」と言います。「ロコ」は英語の訛ったものですが、同じ意味のハワイ語として、「カマアイナ」もよく使われます。

友だちと出かけることを「ホロホロ」と言います。特にシニアの方々は、リタイアされていますので、「ホロホロ」が一番の楽しみです。「もう終わり」を「パウ」と言います。「仕事が終わった」と言う場合、"My work is Pau."と言います。ハワイ独特の英語方言として、たとえば、日本語でも「ほら、あれ、なんだっけ？」という場合の「あれ」ですが、ハワイでは、That kindが訛って、Da Kine（ダカイン）と言います。"You know, Da kine. Whatchamacallit?"という感じでしょうか。"Whatchamacallit?"（ワッチャマコーリッ）は、アメリカで使われる「何て言うんだっけ」の口語表現です。私も、説法の中での事例や具体例の際に、現地感覚を感じてもらうために使ったりしました。

日常生活に溶け込んだハワイ語やハワイ訛りを会話や説法で言うことによって、ハワイへの愛情やハワイ文化へのリスペクトを共有している感覚が生まれました。

テレビドラマは日常的な「大和言葉」の宝庫

また、アメリカの**日常的な英語の言語感覚を身に付けるために、映画やテレビ**

のドラマからインプットをするようにしました。私は映画は好きでしたが、テレビドラマは苦手であまり見ませんでした。しかし、**ドラマは日常的な大和言葉の宝庫**です。とにかく見てみることにしました。

当時、テレビで見た記憶があるドラマには、「Friends（フレンズ）」や「That '70s Show（ザット '70s ショー）」「Monk（名探偵モンク）」「Dr. House（ドクターハウス）」「Heroes（ヒーローズ）」などがありました。見てみると、アメリカのドラマはよくできているので、とても面白いこともあり、大和言葉英語の学びが大いに進みました。

アメリカでは、耳の不自由な人向けに、テレビ放送に英語字幕が完備しています。映画のＤＶＤにも英語字幕が付いているので、自分が十分に聴き取れないことを考えて、字幕を付けてドラマや映画を見るようにしました。**新しい語彙や表現は、耳だけでは聴き取りにくく、字幕があると目で確認できる**ので非常に助かりました。こうして見ると、ただテレビを観て遊んでいるようにも見えますが、学びな

く見終えることはできませんので、楽しい反面、肩も凝《こ》りました。

先ほどお話ししたジョエル・オスティーン牧師の説法でも、いつも平易な言葉が使われており、大和言葉英語による説法のいい手本となりました。多分、**TOEIC700点から800点くらいのレベルで理解できる程度**でしょうか。

非常にシンプルな語彙で信仰が語られるところは、非常に勉強になりました。

たとえば、彼が説法で使った表現に、次のようなものがあります。

"If you want God's favor in your life, you must be the person He made you to be."
（神の寵愛《ちょうあい》を望むのなら、神が望む人になりなさい。）

"I believe if you keep your faith,… you'll see God open up new doors."
（信仰を保てば、神が新たな〔運命の〕ドアをお開きになるのを見るでしょう。）

"If you'll let God do it His way, it'll always turn out better than you ever imagined."
(すべてを神に委《ゆだ》ねるなら、結果は、いつもあなたが期待する以上のものになるでしょう。)

どの文章も、非常にシンプルな言葉で語られています。**シンプルであるがゆえに、信仰という単純な心の真実が、ストレートに映し出される**ように思います。これらの言葉を久しぶりに見ると、10年前に格闘していた自分がとても懐かしく思い出されます。

ジョエル牧師の説法はiTunesのPodcastでダウンロードできるので、日本に帰国してから久しぶりに勉強を兼ねて聴き始めました。相変わらず、心に響く言葉で語られてはいましたが、何か物足りず、退屈に感じました。ハワイで彼の説法に学んだ頃から何年も経過しており、その間、私も世界の様々なところで数多くの説法を重ねてきたことで、それなりに成長したのかもしれません。

「大和言葉英語」の大家《たいか》、P・F・ドラッカー

大和言葉英語ということで、もう一人大家を挙げるとすれば、ピーター・F・ドラッカーです。

「経営学の父」と呼ばれるドラッカーの文章を読んでみると、非常に平易な英語が使われていることに驚きます。日常的な言葉をうまく使い、経営に関する繊細《せんさい》なニュアンスが表現されています。これを日本語訳で読むと、場合によっては表現が硬く、わかりにくいことがあり、大和言葉英語の美しさが消えてしまっています。

ドラッカーの著書 *Management* に、"The aim of marketing is to know and understand the customer so well that the product or service fits him and sells itself." という言葉があります。日本語の意味は、「マーケティングが目指すものは、

顧客を理解し、製品とサービスを顧客に合わせ、おのずから売れるようにすることである」（上田惇生訳）ですが、オリジナルの英文には、高校レベルか、もしかすると中学レベルの英語しか使われていないことがわかります。

翻訳について、少し贅沢《ぜいたく》を言わせていただくと、原文の"to know and understand"のところが「理解」の一言で訳されています。しかし、「know（知る）」は、顧客が「何を求めているのか」に関わり、「understand（理解する）」は、顧客が「なぜ求めているのか」に関わっているように思います。また、"know"と"understand"というシンプルな言葉には、家族や友人のような身近な存在を「知ること」や「理解すること」と重なるものがあります。家族や友人は、身近であるがゆえに、知る努力、理解する努力は忘れられがちです。経営において、顧客を知り、理解することは、このような「忘れられがちだが大切なことである」というニュアンスを、ドラッカーは示そうとしているのではないかと私には思えます。

ドラッカーの『明日を支配するもの』の中に、「だれでも、自分の強みはわかっていると思う。たいていが間違いである。知っているのは、強みというよりは弱みである。それでさえ、間違いのことが多い」という、深い言葉があります。原書では、このように表現されています。

“Most people think they know what they are good at. They are usually wrong. People know what they are not good at more often – and even there people are more often wrong than right.”

私は、これを読んで見事な文章だと思いました。使われているのは中学生でも使える単語だけですが、80年生きた人でも容易には悟れない内容が説かれています。「強み」を“what they are good at”と表す感覚は、大和言葉です。また、「間違いであることが多い」の原文“even there people are more often wrong than right.”は、すでに詩のようです。

詩は、何ページを費やしても言い表せない深遠なる真理を、シンプルな言葉で表現します。そして、そこに美しさがあります。ドラッカーの文章には、ビジネスの無骨さと日常的な土臭《つちくさ》さが漂いつつも、不思議な美しさを感じます。

大和言葉は、詩が持つ美しさと、真理を表す深さにつながります。宗教家の仕事は、心を救うことです。そこには論理性や実証性だけでは決して届かない、奥深い言葉の力が求められます。「詩人」の反対が何であるかを定義できるならば、おそらく、私は文句なくそれにあたると思います。それでも、私は、**人に感動を与え、心に光を与えることができるような言葉を語れる説法家**になりたいと心から思います。これは、日本語においてさえゴールの見えない挑戦ですし、英語においては、さらに高いハードルです。

しかし、宗教家の魂を持つ者として、その挑戦をやめることはできません。これからも、ゆっくりですが、大和言葉英語のマスターに向けて、一歩ずつ前進していくつもりです。国際伝道の使命を持つ人には、ぜひ、人を導ける「大和言葉英語」を目指していただきたいと思います。

第6章

TOEIC受験必勝法

ＴＯＥＩＣ９９０点の先にある英語の姿と、そこに到達する方法について、私の個人的経験を材料に、あれこれお伝えしてまいりました。

「９９０点を取るべくして取る」と言っても、やはりＴＯＥＩＣ特有の傾向性や必要とされるテクニックはあると思います。海外生活が長いからといって、何の準備もしなければ、ＴＯＥＩＣで満点を取ることは難しいはずです。そこで、「ＴＯＥＩＣ受験必勝法」と題して、受験テクについて少し語ってみたいと思います。

しかし、ＴＯＥＩＣ対策については数多くの本が出版されていますし、大川総裁からも18冊に及ぶ教材をいただいています。また、先般、出版させていただいた『夫婦でＴＯＥＩＣ９９０点満点対談』でもＴＯＥＩＣ受験対策について詳しく語っていますので、ここでは蛇足《だそく》にならないように、私が９９０点を取った時の受験体験をもとに、事前に学んでおいて役立ったテクニックや自分なりにつかんだコツを簡単にご紹介したいと思います。

TOEICの用語説明として、個々のQuestionは「設問」、設問を含む課題全体を「問題」と呼びます。たとえば、リスニング・セクションのパート3の場合、一つの「問題」は会話文と3つの「設問」から構成されています。

1　リスニング・セクション

TOEICの前半45分間はリスニング問題です。パート1写真描写問題10問、パート2応答問題30問、パート3会話問題30問、パート4説明文問題30問の計100問を解くには、大変な集中力が必要です。一瞬でも気を抜くと聴き逃してしまいます。英語力が高くても、495点満点を取るには集中力が試されます。日本語で同じ問題をやって、100%正解できるかどうかは、やってみないとわかりませんが、必ずいくつか聴き逃してしまうのではないでしょうか。

① パート1　写真描写問題

パート1の写真問題は、写真を描写する正しい文章を四択から選択する問題です。比較的解きやすい問題なので、確実に点数を稼いでおきたいところですが、間接的な表現に置き換えて描写されているため、一瞬とまどう問題もありますので気が抜けません。

パート1の初めにある DIRECTION（問題説明）の時間に、10枚の写真をざっと見ておく必要がありますが、この時、**「人物」「モノ」「動作」「位置関係」を意識して見ておくことが大切**です。「人物」は、Man や Woman、He や She で示されることがほとんどのようですが、時々、cyclist（自転車に乗る人）や pedestrian（歩行者）、worker（従業員）と言ったりすることがあります。「モノ」についても、サンドイッチを food と言い換えたり、バスを vehicle（乗り物）と言ったり、べッドのシーツや枕をまとめて bedding（寝具）と言ったりします。

「動作表現」は勘違いしやすいので注意が必要です。止まっているのか、動いているのかで意味が変わります。たとえば、男性が腕まくりの状態で、何かの作業をしている時、He is rolling up the sleeve. という表現があるとすると、袖《そで》はすでにまくられており、今、まくりあげる動作をしているわけではないので、間違いになります。写真を見ると何かの作業をしている様子ですが、「机に身を乗り出している」というように別の視点で動作が描写されることもあります。会議をしているかと思えば、「白板に向かっている」と描写されたりもします。

最後に「位置関係」ですが、「横」「そば」「上」「下」「中」「～に沿って」「並んで」などが前置詞や副詞、副詞的表現で示されますが、文章の中のメインの単語、たとえば、「レストラン」とか「自転車」に気を取られるので、聴き逃してしまうことがあります。写真では、ベッドの上にシーツや枕が置いてあり、「寝具がベッドの上にある」や「枕がベッドの横にある」という表現で、微妙なひっかけがあります。「シーツ」「枕」「毛布」と思っているところを「寝具」と言い換えられているので、聴き慣れている「枕」に気が取られるわけです。

「人」「モノ」「動作」「位置関係」の言い換え表現は、語彙力が問われる部分もありますが、**情景を複数の角度で見る力**も試されます。私も過去問をやっていて、いつも間違ってしまう問題があったので、これは観察力が必要だと思い、自分なりに**情景描写の訓練**をしてみました。

たとえば、自分が実際に地下鉄に乗る時に、"A man is on the train."（男性が電車に乗っている）と言ってみたり、車内の人たちの様子を"She is dozing off on the seat."（彼女は席でうとうとしている）、"He is holding on to a strap."（彼はつり革につかまっている）などと描写してみるのです。オフィスでは、"He is facing a computer."（彼はコンピューターに向かっている）、"She is typing something on a keyboard."（彼女はキーボードに何かを打ち込んでいる）、"A worker is checking a document."（従業員が書類をチェックしている）など、いろいろ言い換えて描写してみました。

いつもやっていると通常の生活が送れなくなりますので、思いついた時に2、3分程度でいいと思いますが、意外といい英語訓練になりますので、試してみてはいかがでしょうか。物事を英語で描写するのは、簡単なようで難しいところがあります。TOEIC対策だけでなく英語力を高めるうえでも描写力をつけることは大切だと思います。

② パート2 応答問題

パート2では、応答文が30問続きますので、集中力の持続が大切です。ここでは、仕事で日常的に交わされる会話の場面が想定されており、話しかけられた内容に対してふさわしい応答を三択から答えます。話しかける文章は、疑問文が多く、次に付加疑問文、平叙文があります。

疑問文は、いわゆる疑問詞（What, When, Where, Which, Who, Why, How）が使われる場合は、それを聴き逃しさえしなければ答えは明白ですので、私は出だしの言葉に神経を集中するように心がけました。

ただ、**Why に対して because で始まる答えが続くとは限らないので、文脈で判断する必要があります**。同様に、疑問詞を使わない疑問文、たとえば、Do you ～?, Don't you ～?, Did you ～?, Have you ～? などの文章に対しては、YES か NO で答える文章が正解であることが多いようですが、YES・NO を使わない答えもあり、文脈で判断しなければなりません。

たとえば、"Isn't he coming to the meeting?"（彼はミーティングに来ないのですか）という質問に対して、正解が "He has an appointment with his client."（彼は顧客とアポがあります）だとします。この場合、"No, he isn't. Because"（いいえ、彼は来ません。なぜなら）が省略されており、彼が来ない理由のみが答えられています。このような省略は、日本語の会話でも日常的に見かけられます。ですので、文章を聴き取ることができれば、問題なく理解できる応答です。

付加疑問文も基本的には疑問文と同じ扱いになります。YES・NOで応答されていることもあれば、文脈的に間接的な文章で答えられていることもあります。たとえば、"Your departure is 1:30 PM, isn't it?"（飛行機の出発は1時半でしたよね）という付加疑問文に対しては、"The flight was canceled."（便が欠航になりました）という応答もあり得ます。

平叙文は、さらに文脈からの判断力が必要になります。"Mike wants to go to the EXPO with us." という文章だとすれば、"OK, I'll reserve another ticket for him." と応対するとして、この場合の平叙文は、文脈的に、「マイクも展示会に行きたがっているけど、いいですか？」という同意を求める意味合いを含んでいるので、答えは"OK"になるわけです。

わからない単語がある時は「文脈推理力」が必要

問題の文章にわからない単語が含まれている場合、『英語が開く「人生論」「仕事論」』（前出）でも言われているように、前後の文脈から意味を推理する**文脈推理力**が必要になります。

私も海外での説法で質疑応答を行う時、インドやウガンダ、シンガポールのように英語が訛っているところでは、質問をちゃんと聴き取れないことがよくあります。何度も聞き返すことはできないので、文脈から「こういうことを質問しているんだろう」と推理して、応答するしかありません。

結果的に、相手の質問と食い違うことを答えても、筋が通ることがあるので面白いものです。これは、日本語にも同じことが言えます。大川総裁の講演会の際に、質疑応答をされる場合がありますが、中には、質問者が日本語で言っているのに、私には何を質問しているのか理解できないことがあります。大川総裁はそれを見事に理解し、答えておられますので、まさに神業《かみわざ》だと思います。

日常においても、私たちは他人の日本語を１００％聴き取れているわけではありません。一度、日本語をどれだけ聴き取れているか確認してみてはどうでしょうか。そうすると、**１００％聴き取ることより文脈を理解することのほうが、語学においては大切である**ことが理解できます。もちろん、パート2レベルの英語は、ぜひ一字一句聴き取れるようになっておきたいものです。

③　パート3　会話問題・パート4　説明文問題

パート3とパート4は、比較的長いリスニング問題です。パート3が二人の人物による会話文が10種類、パート4には、アナウンスやナレーションのような説明文が同じく10種類あり、それぞれに三つの設問（四択）があります。

パート3とパート4に共通しているのは、答え方にちょっとしたコツがいることです。出題の形式としては、テーマとなる会話文や説明文のリスニングの後、音声で設問と答えの選択肢が読み上げられます。正直なところ、本文を聴いて、音声に合わせて設問に答えていくのは、かなり難しいものがあります。日本語であっても、今聴いたことについて詳細を忘れてしまうことは、日常でいくらでもあります。たとえば、レストランで、注文をメモに書かずに全部記憶するウェイターやウェイトレスがいますが、私にしてみれば、あれは語学力というより特殊能力だと思います。あるいは、算数の鶴亀算《つるかめざん》を音声のみでメモなしで解くのは、日本語でもかなり難しいのではないでしょうか。

そこで、パート3・パート4の対策として、数多くのTOEIC教材でも提案されているのが、本文を聴きながら設問に答える方式です。つまり、本文のリスニングが始まる前の時間を利用して、設問文を先読みしておき、本文を聴きながら三つの設問に答えていくやり方が主流です。

しかし、これがなかなか難しい。慣れるまでに、何度か練習する必要があります。パート2からパート3に入る時にDIRECTIONがあり、この時間を使って、設問文を読みます。DIRECTIONはわかり切った内容なので無視しても大丈夫です。

次に、本文の音声を聴きながら設問を解き、音声で設問文と選択肢が読み上げられる間に、次の問題の設問文を読んでおくという段取りです。ただ、設問文や選択肢の文章が少し長めの場合もありますので、読むスピードが求められます。全部読めないこともありますから、お勧めとしては、設問文はちゃんと読んで主旨をつかみ、選択肢はざっとスキミング（流し読み）し、四択の大まかな違いだけ見ておきます。

設問を先読みできるようになっても、同時進行でマークシートに記入するのにも技術が必要になります。なにせ、「本文を聴きながら、問題用紙に目を走らせつつ、マークシートを塗りつぶす」というのは、高度なジャグリングです。試験準備をしている時、私はマークシートに目を向けた瞬間、本文のリスニングが落ちることがありましたので、このやり方は自分には向いていないと思いました。

そこで、原始的なやり方ですが、本文の音声を聴きながら、問題用紙の四択のうち正解だと思うものを、指で押さえておくことにしました。設問が三つですから三本の指で答えを押さえることになります。そして本文が終わると同時に、問題用紙の上で自分が指で押さえている記号を、マークシートで塗りつぶします。マークシートで一つ塗りつぶす時間は、ほんの1秒くらいですから、次のテーマの設問文を読む時間は十分にあります。これはパート3とパート4に共通して使えるテクですので、私と同じく、三つのジャグリングを難しいと思う方には、お勧めの方法です。

パート3の会話文に関する設問の多くは、「この会話はどこで行われているのか」「男性（もしくは女性）の職業は何か」「男性（女性）は何をしたいと言っているのか」「男性（女性）は何を知りたいのか」「○○はいつ到着するか」というような内容ですので、このあたりを意識して本文を聴けばいいと思います。

ただし、二人の会話ですので、設問がどちらの人物について質問しているのかをしっかり把握する必要があります。また、まれに写真描写問題の時と同様に、四択の中で語彙が言い換えられていることがあります。たとえば、"contract"(契約書)が"document"と表現されたり、"apartment"が"property"になっていることがあります。

パート3と4で求められるリスニング力は海外生活で最低限必要

パート4の説明文では、パート3に比べ、内容に関してもう少し詳しい内容が設問で問われます。「このスピーチの目的は何か」「話に出てくる○○の職業は何か」「○日(時、月)に何が行われる予定か」「変更後の出発時間は何時か」「製品の特徴は何か」「伝達の手段は何か」など、スピーチの中で話されている具体的な情報についての質問が出てきます。

これに対する対応策は、パート3と同様、設問を先読みすることで、どのような具体的な情報が問われているのかを意識して聴いておけば、答えることができます。ただ、「飛行機の出発時刻が変わった」「電車が発車するプラットフォームが変更になった」という場合、時刻やプラットフォーム番号について、変更前と変更後の2つの数字で出てくるので、ここは注意が必要です。「変更」が問題の中にあったら、この点をしっかり気を付けて数字を聴き逃さないようにしてください。

パート3とパート4の本文は、長いように感じますが、どれも1分以内です。そして、これらの状況は、日常の中で常に出くわします。その時に、すべての言葉を聴き取れないとしても、文脈推理力で自分が置かれている状況や相手の話の主旨を把握する必要に迫られることはいくらでもあります。

現実の海外生活では、1分より長い会話に出会うことが多いので、パート3とパート4で求められるリスニング力は、海外生活で最低限必要なものです。TOEICは、実際に住んでみないと経験しない様々なシチュエーションが取り上げられているので、テストであると同時にいい例文集でもあるといえます。

パート3とパート4でスコアを上げるには、受験テクを磨く以外では、自分の基礎力を高めるほかありません。そのために**必要な努力はインプットを増やすことです**。TOEICの場合は、ビジネス環境に特定されていますので、そこに絞った教材を聴く時間を積み上げることで、リスニング力は上がってきます。

2 リーディング・セクション

リーディング・セクションは75分間に、パート5短文穴埋め問題40問、パート6長文穴埋め問題12問、パート7読解問題48問の計100問に取り組みます。TOEIC990点を取る人の多くは、おそらく75分のうち10分から15分くらい早く終えているはずです。熟練者は20分早く終わります。信じられないと思われるでしょうが本当です。そして、残りの時間で答えを見直すのです。私の時も15分くらい時間が残りました。パート5は問題数が多いため、かなりスピードを上げましたので、間違いなくケアレスミスがあるだろうと思い、見直したら二、三個の間違いを修正することができました。

TOEICを受験した多くの方に聞いてみると、時間が足りず、パート7の長文読解問題をいくつか残してしまうケースが多いようです。「時間内に全部の問題を解ききるだけでも至難の業なのに、10分前に終えるなんて可能なのか」と思う方も多いと思います。10分前に全問を終えるための時間配分はこんな感じです。パート5と6を15分から20分で終えます。そして、パート7に45分から50分かけて、じっくり問題に取り組みます。

パート5と6の設問数は合計52問ありますから、それを15分で終えるには、1問につき17秒の計算になります。17秒は文章を読む時間としては十分です。パート6は長文の体裁をとっていますが、短文穴埋めが三つ並んでいるのとほとんど変わりません。

目安として、これくらいのスピード感覚が必要ということを念頭に置いてください。

① パート5　短文穴埋め問題・パート6　長文穴埋め問題

パート5の穴埋め部分は、正しい品詞の選択、動詞の時制、正しい前置詞の選択、文脈的に正しい副詞などを問う文法問題です。

問題はどれも、一つの文章からできています。それほど長い文章ではありませんが、それをいちいち精読していたら、時間はあっという間に過ぎてしまいます。スピーディに問題を解いていくためには、文章全体を読むのではなく、カッコの前後だけを見て答えます。それでわからなければ、文章全体をざっとスキミングします。

これを行うためには、正しい文法理解を確立しておく必要があります。語学学習においては文法の理解はとても大切です。なぜなら、**文法は言葉が使われる法**

則なので、それを知ることで表現を個別に暗記する必要がなくなり、自分の頭で考えて文章をつくることができるからです。また、構文を知っていることで、より的確な表現をすることができるようになります。語学学習の一定段階までは、頭で考えながら文章を読解、または作成することで、経験値を積み上げていきます。そして、**その段階を超えると、文法は内在化し、頭で考えることなく読解および作文ができるようになります**。これが「使いこなすレベル」です。

この段階に入ると、パート5の文法問題は考えて解いていません。むしろ、感覚によって「正しい」か「間違っているか」を判断し、即座に答えていくわけです。そうすると1問17秒は、決して無理のある見積もりではありません。

これを聞くと、非常に高度なことを話しているように思うかもしれませんが、パート5で扱われる文法レベルは、それほど高度なものはありません。日本語に置きなおすと、たとえば、「彼は本をテーブルの上に置いた」という文章を、「彼は本をテーブルの上で置いた」と書かれると、違和感がありますね。「上で」という言葉が変なのです。「で」の用法を文法的に詳しく説明できなくても、何か「おかしい」と感じ、「上に」を「正しい」と感じます。

では、英文法を感覚的に理解していくためにはどのような訓練が必要でしょうか。これについても王道はなく、**鍵はインプットとアウトプットの総量**です。TOEICではスピーキングとライティングがありませんから、インプットがメインになります。すなわち、**少しでも多く文法に触れ、目を慣らしていくこと**です。

テニスのボールをラケットで打つ時は、考えないで体が勝手に動くまで、何度も動くボールを打つ練習をするはずです。英語も同じです。大川隆法総裁編著の『TOEIC900点突破！英文法ピンポイント攻略法』『TOEICリーディング問題解法の常識』『プラクティカル英文法要論　TOEIC対策の急所』（いずれもB）などの教材は、文法のツボが押さえられていますので、繰り返し取り組むことによって、苦労なくTOEICレベルの正しい文法を感覚的に判別できる目が養われます。

パート6においても、パート5と同じ原則が当てはまります。ただ、パート5では、一つの長文につき、三つの穴埋め問題があります。パート5の場合は、一つひとつが独立した穴埋め問題ですが、パート6では三つの設問が同じ文脈の中にありますので、パート5より文脈推理がしやすいと言えます。

パート6の問題の取り組み方は、パート5と同じです。カッコの前後だけで解ける設問は多く、それで難しければ、前後の文章全体を**ピクチャーリーディング**して文脈を理解します。「ピクチャーリーディング」というのは、スキミングと同じですが、大川総裁の言葉を借りると、**「絵を見るような感じで（中略）全体をパーッと見て、書いてあることが、だいたい、ぼんやりと分かる」**読み方です（『TOEICを受験する人たちへ』B）。

おさらいしますと、パート5とパート6では、カッコの前後だけを見て解く。難しければ、ピクチャーリーディングで文脈を読み、答えの精度を高めます。こうして、これら二つのパートを走り抜け、パート6を終えた時点で、あと60分残っていたら必勝パターンです。

② パート7 読解問題

パート7では、長文が一つだけの問題（28問）と長文が二つ含まれる問題（20問）があります。一つの長文問題では、長文一つにつき設問が2問から3問ありますから、平均すると文書は八つあります。長文が二つある問題は、長文二つにつき4問から5問ありますから、平均すると文書は4セット（八つ）になります。合計すると、50分で長文16個に対し設問48問ですから、長文が一つの問題一個に取り組める平均時間は3分程度ということになります。長文は、さっと読めば1分半から2分くらいで読める長さです。しかし、読むのにこれだけの時間をかけてしまうと、残りの1分半で2問から3問の設問を解かねばならなくなります。では、いったいどうやれば50分以内に全問題を解けるのでしょうか。

問題の解き方は、**まず設問を見て、長文の中に答えを見つける方式**です。特にEメールやビジネスレターの場合、文字数が少ないので、スキミングがしやすいはずです。文字の詰まった文書は、念入りに読む必要はありますが、私の場合は初めから終わりまで熟読することはしません。設問の答えを長文に探すように読むので、速読的な読み方になります。設問を先に見ているので、文書の中から探し出す情報のフォーカスが明確で、仮に文書の全体像がぼやけていても、設問に関わる情報だけは明確に拾うことができるのです。スキミングによって、関連個所を見つけ出し、前後を読み、設問で問われている「目的」や「理由」などを突き止めるのです。もちろん、中にはいくつか複雑な設問がありますので、他の長文問題で稼いだ時間をそちらに回せば、少し多めに時間を割《さ》くことができます。

このようにしてパート7の全問題を終えた時点で10分程度の時間が残っていたら、丁寧に見直しができますが、2、3分であっても、不安に思った設問に心に留めおいて、そこだけ集中して振り返ることはできます。

パート7を必勝パターンで解くために求められる能力は、速読力だと思います。私は、どちらかと言うと読むのが遅いほうなので、パート7のように急《せ》き立てられるように読むのは強いストレスを感じますが、それでも、留学時代に大量のリーディングリストをこなす必要上、スキミングをせざるを得なかったので、その経験が幸いし、ある程度なら早く文書の内容を把握することができます。

自分の経験から、速読力を高める方法を述べるとすれば、先ほど、パート5とパート6のところで、文法理解を高めるために多読が必要だと申し上げましたが、**多読の際に、意識的にスキミングを試みるといいと思います。**いつもこれをやると疲れますが、自分のレベルにあった英書なら、速読は比較的楽にできます。ペンギン・リーダーズという英語レベル別の小冊子がありますが、本屋で手に取って、1ページに知らない単語が数個程度のものを選び、読んでみることをお勧めします。冊数を重ねると自信が高まりますし、語彙力も読む速度も着実に向上します。

上級レベルの方は、「黒帯英語」のフレーズを読む時、**意識して2割程度スピー**

ドを上げて読む訓練をするとよいと思います。余力のある方は、英字新聞の一面を見て、まずヘッドラインだけをブラウズ（拾い読み）して、興味の持てそうなものを、スキミングしてみるのです。

わからない単語はいくつかあるでしょうが、気にせず文脈で推理して読んでいきます。これを**ポジティブ・リーディング**と言います。この読み方は、パート7でとても役に立ちますので、９９０点を目指す方は言うに及ばず、スコアアップを目指す方、時間内で問題を解き切りたい方は、このようにリーディングの訓練をしていくと確実に成果につながってきます。

時間を費やした分だけ必ず上達する、その「喜び」を大切に

以上、リスニング・セクションとリーディング・セクションに分けて、私なりの受験必勝法をお伝えしました。

ただ、そこには魔法のような便利な方法はありません。傾向と対策を練り、受験テクを上げることで、実力より少し上のスコアを狙《ねら》うことは可能です。しかし、国際人材として真に世界で通用する英語力を目指すのであれば、**基礎力は訓練によって高めるしかありません。**

しかし、あまり眉間《みけん》にしわを寄せて、自分を追い込んで勉強する必要はないと思います。**毎日のルーティーンに入れ込むことが一番ですし、勉強を楽しく感じられることが大切**です。

英語学習の楽しさは、**発見の面白さと上達の喜び**だと思います。無理のない程度の努力を毎日続けること、時には怠《なま》けてもいいので、長い目で見て、コツコツ前に進むような学習を続けることができれば、3か月、半年、1年と、自分の英語が少しずつ変わっていく感じがわかるはずです。

英語は間違いなく上達します。上達が小さくて見えないかもしれませんが、**時間を費やした分だけ、英語は伸びます。**自分の英語の上達を過少評価して、目もくれていない人が多いのです。しかし、上達したことを正しく認識することは、喜びとなり、さらなるモチベーションとなるので大切です。

何度も繰り返し申し上げますが、ＴＯＥＩＣ９９０点はだれにでも到達可能です。そして、到達してからが、国際人材としての本当の一歩を踏み出すことになります。ぜひ、今日の一歩から９９０点を目指していただきたいと思います。

第7章

「英語力」を超えた真のグローバル人材へ

1 「黒帯英語」の学び方

TOEICをはるかに超える「プロの国際人材」の英語

第4章と第5章で、日常会話英語、ビジネス英語、学術英語、宗教英語、大和言葉英語と歩を進めてきた、私の英語修行についてお話ししました。

私がその後に取り組み始め、今取り組んでいる英語修行は、第2章以降で何度かご紹介してきた、大川総裁編著の英語教材「黒帯英語シリーズ」に示されている「黒帯英語」です。「黒帯英語」とはどのようなレベルのものであるかを示すものの一つとして、『黒帯英語三段③』のまえがきに、次のような言葉があります。

「＜黒帯二段＞はTOEIC2000点満点、＜黒帯三段＞は3000点満点のレベルまで測定可能である。英米のインテリに打ち勝つレベルである。」

実際のTOEICに2000点、3000点はありませんが、「黒帯英語」が提供する英語力は、このような高いレベルに相当するわけです。「黒帯英語」が照らす英語の可能性は、TOEICをはるかに超えるものです。

教養の高い英米人を凌駕《りょうが》する英語力。それは、すでに「**英語力**」**を超えたもの**です。「黒帯英語」は、時事英語の枠《わく》をはるかに超え、「教養を含む英語」や「ネイティブ感覚の英語」を併せ持つ、**プロフェッショナルとしての国際人材の英語**です。TOEIC900点以上の上級者が、次にマスターすべき英語レベルは、間違いなく黒帯英語だと言えます。

「時代の風」を読む力

『黒帯英語四段②』（2015年2月発刊予定）のまえがきで、大川総裁は「時代の風」という言葉を使われています。時々刻々と動く世界情勢において、洪水のように溢《あふ》れる情報からエッセンスをつかみ取り、「時代の風」を読む力は、国際人材に求められる国際的教養として限りなく重要です。

一般的な感覚では、日本人が海外に出て普通に仕事をするだけでも、何かすごいことのように思われがちですが、私たちが描くべき国際人材というのは、決して海外で「生き残れる」だけの人材ではありません。**高い理想と志、発信すべきメッセージを持ち、国際的な政治活動、経済活動、文化活動、宗教活動において、啓蒙力を発揮し、世界をリードするような存在**であらねばならないと思います。

通常、このような人は、ハーバードやオックスブリッジ（オックスフォードとケンブリッジ）を出た超秀才というのがよくある筋書きですが、私は、将来、Happy Science University（幸福の科学大学）がそこに並び入ることを夢見ています。そして、その鍵が「黒帯英語」だと信じています。

「黒帯英語」は「時代の風」を読むための情報理解力、分析力、判断力を鍛えてくれます。「黒帯英語」の力を身に付けることで、いわば六分儀《ろくぶんぎ》のように、現在の自分の位置を測り、どちらに進むべきかを知ることができるのです。「黒帯英語」には、**世界を大局的に見る「神の目」が備わっているように思う**のです。

私は、「黒帯英語」の学習を通して、今、時事英語の理解力・聴解力の超えられなかった壁を、ようやく突き抜け始めた実感を持っています。国際政治や国際ビジネス、国際金融などの第一線で活躍する人であれば、日常的に時事英語に触れているでしょうが、ほとんどの海外生活経験者は、時事英語の理解に一定の努力感を感じているだろうと思います。時事英語の理解力は、海外生活によって自然に身に付くものではないのです。

逆に言えば、**時事英語は、世界のどこにいるかに関係なく、決意して学習に取り組んだ人が例外なくマスターできるものである**と思います。まだ修行中の身で多くを語るこ

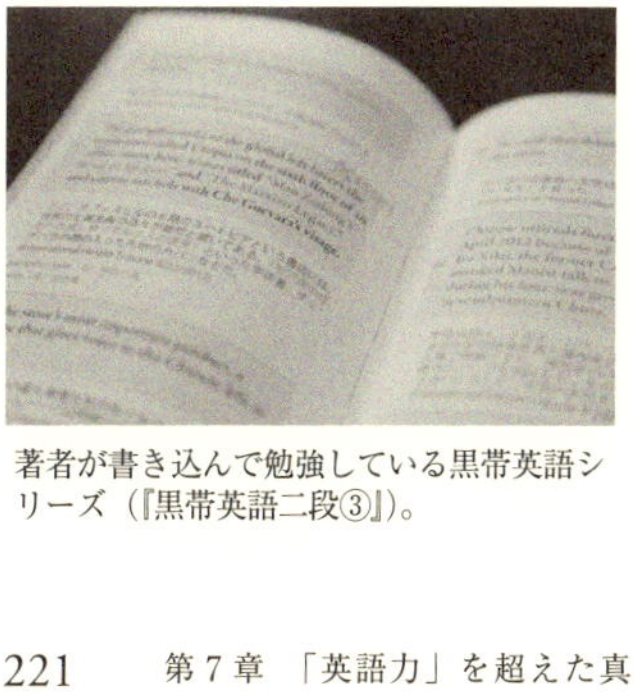

著者が書き込んで勉強している黒帯英語シリーズ（『黒帯英語二段③』）。

とはできませんが、「黒帯英語」の学習が、**国際人材が必要とする英語力をつくる最短距離であることを**確信しています。

「黒帯英語」シリーズの英語フレーズセクションには、英字新聞などから切り抜いた記事がセレクトされており、これを読み進めると、世界情勢が読み取れるようになります。明治初期に、新渡戸《にとべ》稲造《いなぞう》氏がジョンズ・ホプキンス大学に留学した時、図書館で新聞から興味深い記事を選び出してスクラップにするアルバイトをしていたそうです。のちに国際連盟で尊敬を集める世界的名士となる新渡戸氏の高度に洗練された英語力は、新聞記事を読み続ける修練によって培《つちか》われたものかもしれません。

「黒帯英語」で時事英語に熟達し、世界の「時代の風」を読む力を養うことは、日本人として世界で活躍する国際人材の最たる模範である、新渡戸氏の足跡をたどることにもなります。幸福の科学大学が、**第二、第三の新渡戸稲造を輩出できる大学**になることを目指したいと思います。

「暗記」より「見る」努力で、使える語彙を増やしていく

「黒帯英語」は、語彙、時事英語の和英対訳、ネイティブ感覚の英語表現、名言や教養的な英語表現など、数種類の英語から構成されています。これをどのように学習すればいいか、わからない人がいるかもしれませんので、私の学習方法をご紹介します。

英単熟語は、ランダムに選ばれているようで、英語メディアを読む時に頻出する単語やイディオムが厳選されています。たとえば、英字新聞を読めるようになるために、辞書を丸ごと暗記するとしたら、気が遠くなるくらい大変です。しかし、「黒帯英語」でセレクトされた語彙は、**知的レベルの高い英語メディアでよく使われるもの**なので、覚えていくと、英字新聞などを読んでいて、「これ、黒帯にあったな」と思うことがよくあります。つまり、難解な時事英語を読み進めるうえで、もっとも少ない努力で必要な語彙が覚えられるように作られています。

TIMEやNewsweekなどの雑誌や英字新聞を問題なく読みこなすには10万語程度の語彙力が必要だと言われています。私の語彙数がどれくらいあるのか、どうやって測るのかはわかりませんが、「黒帯英語」のおかげで、確実に時事情報の理解力と速度が上がってきたと思います。

かく言う私も、当初は「黒帯英語」の勉強にはなかなか本腰が入りませんでした。私たちは、特に私自身は、追い込まれないと本気にならないようなところがありますが、大川総裁はそこを見抜いて、職員向けに「黒帯英語検定試験」を実施されました。第1回の試験では惨憺《さんたん》たるものでしたが、2回目からは「検定合格」レベルを取れるようになりました。やはり試験があるとなると、お尻に火がついて、受験生のように本気になるものです。

とはいえ、単語を覚えるのは一苦労です。私の暗記力は忘却力といい勝負ですので、覚えた次の瞬間には忘れています。数多くの単語を一度に覚えようとしても、やればやるほど、自分の記憶力のなさを嘆くことになります。

私も中学・高校時代を思い出し、単語帳で覚えるように日本語の部分を隠し、日本語の意味を覚えたり、英語の部分を隠し、綴《つづ》りを含めて単語・熟語を覚えようとしましたが、ある時点で考え方を変えました。「**暗記する**」**のではなく、**「**見る**」**ことにしました**。一度で暗記するより、何度も目に触れるようにする方式に切り替えました。

このやり方だと、大量の単語・熟語を覚えることはできませんので、試験勉強向きとは言えませんが、学習効果として、少しずつですが「**使える単語**」**が増えていく**ことに気づきました（黒帯テストで合格ラインに到達できたので、まったく試験勉強に向いていないというわけではないと思います）。

語彙は、知識的な詰め込みのみでは、「使いこなすレベル」に達することができません。多くの単語を短期間で完璧に記憶したとしても、生きた英語の中で出会い、使うことがないと、結局、忘れていきます。新しく覚えた単語に何度か出会う中で、記憶として定着し、「使いこなせる語彙」になっていくのですが、一定時間中に「覚えた単語」が「使いこなせる単語」になるためのキャパシティのようなものがあると思います。覚えた単語が使える単語になる前に、新しい単語を使える単語にしようとしても、水をバケツからコップに注ぐように溢れ出てしまうように感じます。

それよりは、**気長に何度も「目に触れさせて」いく努力**の中で、「黒帯英語」のフレーズを読んだり、英字新聞を読んだりしているうちに、**文脈の中で使われる単語に出会う経験値が上がり、少しずつ使いこなせる語彙が増えていく**のです。

黒帯英語が教えるネイティブ感覚英語の秘密「メタフォー」

「黒帯英語」には、時事英語に加えて、ネイティブ感覚の英語表現も数多く紹介されています。ネイティブ感覚の英語は何が違うのでしょうか。端的に言えば、ネイティブ・スピーカーが使う英語がネイティブ英語なのですが、ここにはネイティブでない外国人にはなかなか入ることのできない〝秘密の部屋〟のようなものがあります。何年、その国に住んでいても、「何かが違う」感覚が常に付きまとうのです。

ネイティブ英語には、独特の口語表現やスラングがありますが、それを使うことがネイティブ感覚の英語を学ぶことと必ずしもイコールではありません。海外生活の長い若者がスラングを連発し、著しく日本人の品位を落としているケースも数多く見られます。

ネイティブ英語の最も特徴的なことは、メタフォー（metaphor）が使われていることです。メタフォーとは比喩のことですが、直接的な語彙の使い方をせずに、連想的に関連する言葉が使われるのです。そして、そこにはある種の詩的なセンスがあります。

「黒帯英語」で取り上げられているネイティブ感覚の英語を少し紹介します。たとえば、「秘密をばらす」を意味する、〝let the cat out of the bag〟（『黒帯英語への道①』No.121）という表現があります。動物の持ち込みが禁じられている場所に、猫をこっそりバッグに入れていくという情景が浮かびますが、"reveal the secret"という直接的な表現を使う代わりに、「猫をバッグから出す」というところが面白いですね。

「仕事のやり方やコツを教える」は、"show the ropes"(『黒帯英語への道②』No.25)と言います。船乗りがロープの結び方を教える様子が思い浮かびます。これに関連して、「仕事のコツを覚える」は、"learn the ropes"(『黒帯英語初段②』No.98)になります。また、「耐えねばならない嫌なこと」として、"a bitter pill to swallow"(『黒帯英語への道③』No.8)という表現があります。「良薬は口に苦《にが》し」の表現に通じるところがあります。この他にも左ページのような表現があります。

これらに共通するのは、**だれでも思い浮かべられる情景を使って、比喩的に表現していること**です。日本語でも、見渡してみれば、このような比喩的な表現はたくさんあるのではないでしょうか。たとえば、男性が女性をデートに誘って、あっさり断られた時、「撃沈された」と言いますね。動揺が目に表れることを「目が泳ぐ」と言ったり、困難に直面することを「壁にぶつかる」と言います。この他にも

keep one's head above water	何とかしのいでいる、(借金をせずに)どうにかやっていく (『黒帯英語への道②』No.427)
roll in the aisles	(観客が)笑い転げる[大笑いする] (『黒帯英語への道②』No.466)
sweep something under the carpet	〈都合の悪いものなど〉を隠す (『黒帯英語二段④』No. 571)
wet blanket	けちをつける人 (『黒帯英語二段⑤』No.23)
icing on the cake	〈必要ではないが、あれば楽しい〉おまけ・添え物 (『黒帯英語二段⑦』No.140)
red tape	お役所仕事、形式主義 ※公文書を縛《しば》る赤い紐《ひも》に由来。 (『黒帯英語二段⑧』No.660)
pull a rabbit out of a hat	奇策を編み出す、思いがけない解決策を生み出す (『黒帯英語二段⑨』No.1)
ring a bell	思い当たる (『黒帯英語二段⑨』No. 158)
clear as mud	とても分かりにくい (『黒帯英語三段①』No.85)
be hanging by a thread	風前のともし火・危機一髪である (『黒帯英語三段①』No.381)

日本語のどんな比喩的表現があるか考えてみると面白いのではないでしょうか。

おそらく、海外から日本に来て日本語を学んでいる人たちは、このような比喩表現を、ネイティブ日本人の〝秘密の部屋〟のように感じているかもしれません。私たちも意識して使っているわけではありませんので、「ネイティブ日本語を教えてください」と言われても、何から始めていいかわからないものです。これは英語のネイティブ・スピーカーにとっても同じで、これが外国人がネイティブ英語を習得するのが難しい理由かもしれません。

上記の例の中にある〝clear as mud〟という表現は、比喩というよりユーモアですので、少し趣《おもむ》きが異なりますが、ネイティブ風のウィットが感じられます。「難しい」というネガティブなことを、〝clear〟というポジティブな言葉を使って表現している点は興味深いですね。これは、学校の授業やビジネスミーティングでよく使われます。授業で、先生が長々と説明をした後、生徒たちに〝Was it clear as mud?〟と質問します。「どうだったかな。今の説明わかりにくかったかな」という意味です。長い説明だったので、「ちょっと自分の説明がわかりにくかったかもしれない」という自省を込めて言うニュアンスです。権威がある先生がユーモアまじりで言ってくれると、生徒も「わかりにくかった」と正直に言いやすくなります。

ビジネスミーティングでも、自分のアイデアを一生懸命熱弁した後で、「上手に伝えられなかったな」と思う時は、この表現を使います。話が難しくて、しらけ気味の雰囲気を、ユーモアで和《なご》ませるような効果もあります。

英語の上達を目指す人ならだれでも「ネイティブみたいに話したい」と思いますが、**ネイティブ英語とは、きれいな発音、豊かな語彙力、表現力に加えて、このような詩的メタフォーを使いこなせることである**と、知っておくとよいと思います。

「時間投資の習慣化」が成果を生む

「黒帯英語」をマスターするということは、教材にセレクトされている単語・熟語を手がかりに、「黒帯英語」に日々接する生活スタイルを確立することを意味しています。自分の知的生活のスタイルに応じて、言語との接触面積と経験を重ねるにつれて自然に覚えていくというのが、私たちが言語を習得するプロセスです。**英語は学問ではなく、生きる時間です**。日常会話は、日常生活を英語で生きる時間と共にあり、ビジネス英語は、ビジネス環境を英語で生きる時間と共にあります。そして、「黒帯英語」は、「黒帯英語」に接する知的生活を生きる時間と共にあると思います。

ただし、与えられた時間をただ生きるだけでは、自分の限界を超えることはできませんので、**語彙を増やす能動的な努力は必要**になります。一日の一定時間を、

「黒帯英語」の単語・熟語を見る時間と時事英語を読む時間の両方に投資していくことが大切になります。

英語はインプットとアウトプットに費やした時間に比例して上達しますので、自分の日常生活・知的生活の中で英語との接触面積を保ち続けることが必要になります。様々な英語教材がありますし、様々な学習法が提唱されていますが、どの道を進むにせよ、**時間投資の習慣化をすることなしには成果を得ることはありません**。「語学に王道なし」とは、このことを言うのだと思います。私も中国語に挑戦しようと思って、新しい教材を買っては、本棚でホコリをかぶらせています。身にならないのは、学習が生活習慣の中でレギュラーの位置に入っていないからで、**縁起の理法**（**原因・結果の法則**）**を味《くら》ますことはできません**。

完全な学習はなく、完全な英語もないのですから、じっくり構えて一歩また一歩と歩を進めることが大切なのではないでしょうか。私の場合も、自分の「黒帯英語」の学習は穴だらけだと思いますが、それであっても確実に上達してきていると感じています。

以上、日常会話英語からビジネス英語、学術英語、宗教英語、大和言葉英語を経て、現在取り組んでいる「黒帯英語」へと、私の英語修行の道のりを振り返らせていただきました。これは、**海外で通用する英語力を習得する道のり**であると同時に、**ＴＯＥＩＣ９９０点を取るべくして取る英語力に到達する道筋**でもあると思います。私が試みた勉強法や失敗談が、皆様がＴＯＥＩＣ９９０点レベル以上の英語に到達するうえで、よきヒントになれば幸いです。

2　幸福の科学大学の英語教育が担うべき使命とは

「反日キャンペーン」に対する言論戦を展開していない日本

私は20代、30代、40代のうち16年間を海外で暮らし、英語を学び、国際感覚を磨いてきました。海外で仕事をし、世界各地の人々と接すると、彼らがどのような目で日本を見つめているかがわかります。

戦後教育と左翼マスコミが築いて来た自虐史観とは裏腹に、**日本に対して、尊敬、好感、感謝の声をよく耳にしました。特にアジア・アフリカにおいては、日本は絶大な人気を持っています。**日本人の多くが、自虐史観の教育により、「第二次世界大戦中、日本がアジア諸国を侵略し、多大な迷惑をかけたので、アジアの人々から恨《うら》まれている」と思い込んでいます。しかし、アジア諸国は、中国・北朝鮮・韓国を除き、どこも親日的です。まず、日本人として、**日本国内に蔓延《まんえん》している誤解を修正する必要性**を強く感じました。

世界に親日国が多い反面、戦後、連合国が作った「戦争犯罪国家・日本」のイメージと、中国・韓国による反日キャンペーンによる「侵略戦争」「南京大虐殺」「従軍慰安婦」をキーワードに、**国際社会において戦前の日本は「虐殺」「強制連行」「ファシズム」の国として誤解されています。**当時の日本軍が世界最高レベルの軍規と公正さを持ち、それらの批判がすべて言いがかりであること、「南京大虐殺」が蔣介石《しょうかいせき》とアメリカによってでっち上げられた嘘であること、「従軍慰安婦」の真実が「追軍売春婦」であった事実が、歴史調査によって明らかにされているにもかかわらず、国内世論と国際世論は共に、この虚構を信じています。

これに対して、日本政府以下は、誤りを修正するための言論戦を展開しておらず、誤解は誤解のまま、治療せずに放置されたガンのように、日本と日本国民の社会的生命を蝕《むしば》みつつあります。この問題は、数多くの有識者も指摘していますが、問題を複雑化しているのは、日本国内の根強い「反日勢力」が国際社会での日本の発信力を封じているという、看過《かんか》できない現実です。

真実の歴史を世に知らしめる大川総裁の霊言

そうした状況の中で、幸福の科学は数多くの霊言により、歴史の真実を明らかにしてきました。この世においては、真実は虚実の駆け引きの中で闇の中に隠されてしまいがちですが、**霊言においては、当事者の生《なま》の証言により、通常は不可能な事実確認が可能になります。**

The Rape of Nanking（『ザ・レイプ・オブ・南京』）の著者、アイリス・チャンの霊言では、「南京大虐殺」が嘘であったこと、彼女の死因は自殺とされているが、実は暗殺であったこと、すべての背後に、ある組織の関与があったことなど

が暴露《ばくろ》されました（『天に誓って「南京大虐殺」はあったのか』）。南京陥落時の指揮をとっていた松井石根《いわね》陸軍大将の霊言によっても、南京問題がすべて虚構であることが確認されました（『南京大虐殺と従軍慰安婦は本当か』）。

また東條英機や近衛文麿《このえふみまろ》などの霊言は、彼らがいかに日米開戦を避けようとしたか、**大東亜戦争が自衛のための戦いであったこと、また、西洋列強の植民地となっていたアジア諸国の解放を理想として掲げていたこと**を示しています（『公開霊言　東條英機、「大東亜戦争の真実」を語る』『「首相公邸の幽霊」の正体』）。トルーマンとルーズベルトの霊言では、広島・長崎の原子爆弾の投下が戦争を終わらせるための策ではなく、ソ連に対する牽制、破壊力の実験、人種差別的な敵対心が真実であったことが暴《あば》かれています（『原爆投下は人類への罪か？』）。さらに、「従軍慰安婦」を自称する韓国人女性の守護霊インタビューは、自分たちが強制連行ではなく自発的に売春婦を生業《なりわい》としていたこと、彼女らの声明文が韓国外務省の作文であることなどが明らかにされています（『神に誓って「従軍慰安婦」は実在したか』以上いずれもA）。

これらのことは、唯物論者にはとても信じがたいことですが、霊は存在し、大川隆法総裁の霊能力は本物です。霊言の場に立ち会う経験を持つ私には、それは疑いようのない事実です。

日本人は積極的に世界に言論を発信していく必要がある

歴史を見る限り、世界の主導権は、軍事力と第二次世界大戦の戦勝国である事実を背景に握られてきましたが、一方で、アメリカが「世界の警察」であることをやめ、「アメリカ一国超大国主義」が退潮し、世界の勢力図が大きく変動しようとしている今、自国をより優勢な立ち位置に導くためには、言論発信は重要な武器となります。**西洋的言語文化を基調とする国際関係においては、言葉によって自国の見解や主張、要求を明確に発信することが不可欠なのです。**

日本社会の特徴として、言葉の上だけのやり取りを空虚なものと考える「不言実行」的な文化的風土があり、公的なコミュニケーションより、根回し的な非公式なやりとりによる意思決定のほうを重視する傾向があるように思います。公式の場での協議は、すでに非公式に決定された事項を追認するものに過ぎないのです。国際社会で十分な公的発言をしない日本政府のあり方の原因の一端が、ここにあるかもしれません。

　では、「国際社会で根回し的な非公式のコミュニケーションをもっと盛んにやれば、日本的なやり方でも、外交をもっと有利に進めることができるはずではないか」と思われますが、残念ながら**日本の多くの政治家は語学力が低く**、また、**国内に目が向いており、国際的な根回しにおいても後手に回っている**ようです。

　一方、国際社会では、公式の場での発言が重要視されます。根回しがないわけではなく、ロビー活動やテーブル下での取引も盛んであることは間違いありませんが、公式の場での言論発信は重要度が極めて高いと認識されています。

それゆえに、すべての事柄において素早いレスポンスが求められます。ある国が主張を表明する。関係国がすぐに同意もしくは反論する。これが国際常識である中、「中国が日本を批判する。日本は黙っている。韓国が日本を中傷する。しかし日本は黙っている」という流れがパターンになっています。このままでは、日本に対する誤解は、一向に改善される見込みがありません。

日本人はもっと積極的に言論を発信していく必要があるのです。論理的に根拠立てて、明晰《めいせき》に主張を展開すべきです。「A、B、Cの理由により、南京大虐殺は虚構である」「慰安婦は、A、B、Cの証拠により、強制連行ではなく自発的な売春婦であった」と主張すべきです。

批判を恐れて反論しないのかもしれませんが、批判といっても、日本の主張に反対する立場の者が自らの主張をしているだけに過ぎません。国際世論をAll or Nothingで見るべきではないのです。こちらの主張がなされなければ、賛成者も立場を表明することができません。**言論を発信して初めて、国際世論のプロセス**

が始まるのであり、沈黙は国際社会の作法からすると反社会的な行為であるとも言えます。「日本への正しい理解」を形成するために言論を発信すべきは、政治家や外務省だけではありません。それは、**国際的な立場にあるすべての日本人が担う責任であり使命であると思います。**

「人類全体への使命感」を持つグローバル人材を育てる語学教育を

大学教育において、いかなる人材を養成すべきかを考えるうえで、数多くの人々が国際的発信力の大切さを論じておられます。そして、その中の何割かは、今述べたような、誤った歴史認識を正すことを重要課題として認識されていると思います。

第4章で、ディベートにおいて重要なことは、自分の主張が明確で、論理的に発言できること、そして、責任感と正義感に裏打ちされた信念があることだと申し上げました。**国際的発信力を磨くべき若者たちが、世界に向けて羽ばたくにあ**

たり、何を主張し、何を正義とするかを、しっかり学ぶ機会をつくることが極めて重要であると思います。

大学の語学教育は、いい意味での競争原理により、年々、より優れた教育方法が導入されています。幸福の科学大学も、最新の知識を取り入れ、より効果的な語学教育を提供したいと思っています。

しかし、真に世界という舞台で貢献できる国際人材を養成するうえで、私は、**幸福の科学大学の学生が、高い語学力のみならず、未来において自らが発信すべき明確な主張と背負うべき「責任」を発見できるよう、**良き導き手となりたいと願っています。

また、幸福の科学大学で学ぶ学生の中には、国際伝道を志す若者も数多くいると思います。幸福の科学の普遍的な真理の国際伝道は、世界への貢献です。すべての人が幸福と繁栄を実現できる教え、唯物論によって荒廃した人類の内面を光で照らす教え、宗教間の対立を解決し平和を実現する教えを、世界に弘《ひろ》める伝道への志は、**日本一国の国益を超えて、人類全体に対する使命感**です。**地球レベルの正義感と責任感を感じ、強い信念を持って理念を世界に発信する人こそが、真の意味でのグローバルな人材である**と思います。

ＴＯＥＩＣ９９０点は、学生にとっては高い目標かもしれません。しかし、世界においてリーダーシップを発揮する真のグローバル人材に求められる英語力は、はるかに高く、洗練されたものです。国際伝道への志を持つ学生は、信仰心、教養、語学力、精神性、国際性など、あらゆる面において優れた人材であることが求められます。

比類ない英語力と学識を持つ大川総裁を創始者に持つ、幸福の科学大学の語学教育は、「グローバル人材」という言葉に新しい意味を与えるものになるでしょう。幸福の科学大学に学ぶ若者たちが、ＴＯＥＩＣ９９０点を超え、はるかなる高みへと到達するための翼となるような語学教育を目指したいと思います。

あとがき

本書では、TOEIC990点満点とその先にある英語力に至るためのマインドと学習法について、述べさせていただきました。

英語は、費やした時間に比例して、必ず上達します。そして、どのレベルの英語を目指すのか、また、どのような種類の英語を習得したいのかによって、フォーカスも学習法も異なります。本書では、目指すべき英語の高みの全体像の中から、TOEIC990点がどのレベルにあるのかを明らかにし、その先へと限界突破していくための努力の道筋を示すことができたと思います。

英語を学ぶ知的幸福感と自己成長感の味わいは、一歩を踏み出して初めてわかります。

私も「黒帯英語」を学ぶ門下生の一人です。TOEIC990点の先に続く峰を目指して、小さな一歩を重ねています。師が見る景色にいつかたどり着くことを夢見つつ。

語学は、進み続ける者をいつも温かく受け入れてくれます。
「いつかは」を「今」に、「どうしたら……」を「できる！」に言い換えて、ともに今日の一歩を進んで参りましょう。

The rule of cause and effect means that if you do something, it will grow some day and bear fruit. ——Master Ryuho Okawa
原因・結果の法則とは、「あなたが何かを行ったら、いつしか、それが育って、果実を生む」ということです。
（大川隆法総裁英語説法「How to Succeed in Life」より）

2014年10月15日

学校法人幸福の科学学園 大学設立準備室 国際担当局長
松本泰典

巻末資料

参考文献A　大川隆法著作（いずれも幸福の科学出版刊）

『英語が開く「人生論」「仕事論」』
『真のエリートを目指して』
『Think Big!』
『教育の使命』
『外国語学習限界突破法』
『幸福の法』
『英語界の巨人・斎藤秀三郎が伝授する　英語達人への道』
『国際伝道を志す者たちへの外国語学習のヒント』
『太陽の法』
『大学生からの超高速回転学習法』

『悟りの原理』
『天に誓って「南京大虐殺」はあったのか』
『南京大虐殺と従軍慰安婦は本当か』
『公開霊言　東條英機、「大東亜戦争の真実」を語る』
『「首相公邸の幽霊」の正体』
『原爆投下は人類への罪か？』
『神に誓って「従軍慰安婦」は実在したか』

参考文献B　大川隆法編著　英語教材（いずれも宗教法人・幸福の科学刊）
『黒帯英語への道』①～⑩
『黒帯英語初段』①～⑩
『黒帯英語二段』①～⑩
『黒帯英語三段』①～⑧

『実戦英語伝道入門』
『留学のための英単語集』①〜④
『宗教英語表現集』①〜③
『英文要点読解』シリーズ
『ＴＯＥＩＣ９００点突破！英文法ピンポイント攻略法』
『ＴＯＥＩＣリーディング問題解法の常識』
『プラクティカル英文法要論　ＴＯＥＩＣ対策の急所』

参考文献C　その他

月刊「幸福の科学」２０１４年６月号（宗教法人・幸福の科学刊）
『夫婦でＴＯＥＩＣ９９０点満点対談』（松本泰典・松本摩耶著　幸福の科学出版刊）

著者＝ **松本泰典**（まつもと・やすのり）

1964年京都府生まれ。ロンドン大学School of Oriental and African Studiesで文化人類学修士、University College London同博士課程中退。1995年、幸福の科学に奉職。ニューヨーク支部職員、ハワイ支部長、ハワイ精舎研修部長などを経て、2011年から2013年まで国際本部指導研修局長として海外向け説法ソフトや信者養成ソフト制作等に携わる。現在は学校法人幸福の科学学園 大学設立準備室 国際担当局長。アメリカ、カナダ、イギリス、インド等、14カ国での英語説法の経験があり、ウガンダでは5000人の聴衆を前に英語で講義。ショーン・マツモトとしても知られている。

TOEIC990点満点到達法

—世界への「貢献マインド」で磨く英語力—

2014年10月27日　初版第1刷

著　者　松本 泰典
発行者　本地川 瑞祥
発行所　幸福の科学出版株式会社
〒107-0052　東京都港区赤坂2丁目10番14号
TEL（03）5573-7700
http://www.irhpress.co.jp/

印刷・製本　株式会社 堀内印刷所

落丁・乱丁本はおとりかえいたします

ISBN 978-4-86395-572-1 C0082

大川隆法 ベストセラーズ・幸福の科学「大学シリーズ」

大学生からの超高速回転学習法

人生にイノベーションを起こす新戦略

試験、語学、教養、専門知識……。限られた時間のなかで、どのように勉強すれば効果が上がるのか? 大学生から社会人まで、役立つ智慧が満載!

1,500円

外国語学習限界突破法

学習のモチベーションを維持するには? 日本にいながら海外留学と同じ効果を得る方法とは? 外国語学習の壁を破る考え方・学び方を伝授する!

1,500円

国際伝道を志す者たちへの外国語学習のヒント

国際伝道に求められる英語力、教養レベルとは? 200冊以上の英語テキストを発刊し、全世界100カ国以上に信者を持つ著者が語る「国際伝道師の条件」。

1,500円

※表示価格は本体価格(税別)です。

大川隆法 ベストセラーズ

英語が開く「人生論」「仕事論」

知的幸福実現論

あなたの英語力が、この国の未来を救う——。国際的な視野と交渉力を身につけ、あなたの英語力を飛躍的にアップさせる秘訣が満載。

1,400円

英語界の巨人・斎藤秀三郎が伝授する英語達人への道

受験英語の先にほんとうの英語がある! 明治・大正期の英語学のパイオニアが贈る「使える英語」の修得法。英語で悩める日本人、必読の書。

1,400円

真のエリートを目指して

努力に勝《まさ》る天才なし

幸福の科学学園で説かれた法話を収録。「学力を伸ばすコツ」「勉強と運動を両立させる秘訣」など、未来を拓く心構えや勉強法が満載。

1,400円

幸福の科学出版

■新しい学問が見える。

夫婦で TOEIC990 点満点対談

楽しく学んで TOEIC 満点レベルの「英語大好き人間」に

松本泰典　松本摩耶 著

「英語が日常」のユニーク夫婦が語る英語学習の知的楽しみ方と TOEIC スコアアップの秘訣

1,200円

新しき大学とミッション経営

九鬼一 著

出版不況のなか、２年間で売上５割増、経常利益 2.7 倍を成し遂げた著者が語るミッション経営の極意。経営を成功させるための「心」の使い方を明かす。

1,200 円

幸福の科学大学の目指すもの

ザ・フロンティア・スピリット

九鬼一 著

既存の大学に対する学生の素朴な疑問、経営成功学部とＭＢＡの違い、学問の奥にある「神の発明」など、学問の常識を新しくする論点が満載。

1,200 円

※表示価格は本体価格（税別）です。

■ 新しい学問が見える。

実戦英語仕事学

木村智重 著

国際社会でリーダー人材になるために欠かせない「実戦英語」の習得法を、米エール大ＭＢＡ、大手銀行の国際エリートビジネスマンの経歴を持つ幸福の科学学園理事長・木村智重が明かす。

1,200円

知的幸福整理学

「幸福とは何か」を考える

黒川白雲 著

世界的に流行りを見せる「幸福論」を概観し、膨大な「幸福学」を一冊でざっくり整理。最終結論としての幸福の方法論を示す。

1,200円

比較幸福学の基本論点

偉人たちの「幸福論」を学ぶ

黒川白雲 著

「幸福論」シリーズ（ソクラテス、キリスト、ヒルティ、アラン、孔子、ムハンマド、釈尊）を一気に解説し、偉人たちの「幸福論」を深く理解するための“ガイドブック”。

1,200円

入会のご案内

あなたも、幸福の科学に集い、ほんとうの幸福を見つけてみませんか？

幸福の科学では、大川隆法総裁が説く仏法真理をもとに、
「どうすれば幸福になれるのか、また、
他の人を幸福にできるのか」を学び、実践しています。

入会

大川隆法総裁の教えを信じ、学ぼうとする方なら、どなたでも入会できます。入会された方には、『入会版「正心法語」』が授与されます。（入会の奉納は1,000円目安です）

ネットでも**入会**できます。詳しくは、下記URLへ。
happy-science.jp/joinus

三帰《さんき》誓願《せいがん》

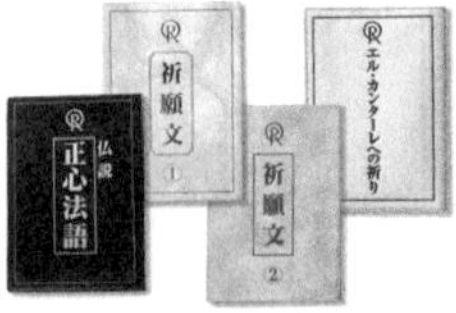

仏弟子としてさらに信仰を深めたい方は、仏・法・僧の三宝への帰依を誓う「三帰誓願式」を受けることができます。三帰誓願者には、『仏説・正心法語』『祈願文①』『祈願文②』『エル・カンターレへの祈り』が授与されます。

植福《しょくふく》の会

植福は、ユートピア建設のために、自分の富を差し出す尊い布施の行為です。布施の機会として、毎月1口1,000円からお申込みいただける、「植福の会」がございます。

「植福の会」に参加された方のうちご希望の方には、幸福の科学の小冊子（毎月1回）をお送りいたします。詳しくは、下記の電話番号までお問い合わせください。

月刊「幸福の科学」

ザ・伝道

ヤング・ブッダ

ヘルメス・エンゼルズ

INFORMATION	幸福の科学サービスセンター TEL. 03-5793-1727（受付時間 火～金：10～20時／土・日：10～18時） 宗教法人 幸福の科学 公式サイト happy-science.jp